Presença

KRenato

Presença

Uma aventura rumo a Deus Pai

Dados Internacionais de Catalogação na Publicação (CIP)
(Câmara Brasileira do Livro, SP, Brasil)

KRenato
  Presença : uma aventura rumo a Deus Pai / KRenato. – São Paulo : Paulinas, 2015. – (Coleção um toque de delicadeza)

  ISBN 978-85-356-3910-0

  1. Poesia religiosa 2. Reflexões 3. Vida cristã I. Título. II. Série.

15-02749   CDD-869.9105

Índice para catálogo sistemático:

1. Poesia religiosa : Literatura brasileira   869.9105

1ª edição – 2015
1ª reimpressão – 2017

Direção-geral:	Bernadete Boff
Editora responsável:	Andréia Schweitzer
Copidesque:	Simone Rezende
Coordenação de revisão:	Marina Mendonça
Revisão:	Sandra Sinzato
Gerente de produção:	Felício Calegaro Neto
Capa e diagramação:	Jéssica Diniz Souza
Imagem de capa:	Fotolia – © sumikophoto

Nenhuma parte desta obra poderá ser reproduzida ou transmitida por qualquer forma e/ou quaisquer meios (eletrônico ou mecânico, incluindo fotocópia e gravação) ou arquivada em qualquer sistema ou banco de dados sem permissão escrita da Editora. Direitos reservados.

Paulinas

Rua Dona Inácia Uchoa, 62
04110-020 – São Paulo – SP (Brasil)
Tel : (11) 2125-3500
http://www.paulinas.org.br – editora@paulinas.com.br
Telemarketing e SAC: 0800-7010081

© Pia Sociedade Filhas de São Paulo – São Paulo, 2015

"Deus Pai
Pai? Mais preciso seria dizer: paternidade,
ou seja, um processo nunca acabado de gerar.
Céu? Que é o céu? O céu é o Pai.
O Pai ideal deste mundo!"
Ignacio Larrañaga

Agradecimentos
a meus Pais, Juca e Ceção,
que biologicamente me deram a possibilidade
de ter vida, mas especialmente
pela qualidade do Amor que me ofereceram,
fazendo assim com que eu encontrasse
sentido em minha existência.
Pela abundância e gratuidade desse Amor
que continuam a me oferecer
hoje e a cada instante, fazendo com que eu sinta
facilidade em experienciar a Deus como Pai e Mãe.
A vocês, gratidão plena e eterna!

Prefácio

Pediram-me umas palavras introdutórias para este livro de meu amigo Cláudio.

Ao longo de uma semana fui lendo com pausas e saboreando a leitura meditada, ainda em rascunho, e já terminei.

Às vezes, não é fácil de ler: metáforas intrincadas, circunlóquios originais, ocorrências inesperadas, expressões avançadas... mas, todo o conjunto envolto e revestido de uma poesia belíssima e de um fervor religioso que roça, frequentemente, a alta mística.

* * *

Não é um livro qualquer de poesias. Há traços autobiográficos, cumes muito elevados de inspiração, retalhos de alta mística, e em todo momento vamos saltando de altura em altura numa incessante combinação de alta poesia e elevada mística.

Em geral, entre os livros de poesia que tenho lido, este é um dos mais originais. O leitor se encontrará aqui e ali, com toques mágicos que o edificarão intimamente e o conduzirão por veredas inspiradas.

De repente, há momentos em que surgem vislumbres de angústia, sem que se saiba nem a origem nem o gênero de tal sentimento, mas não se percebe angústia existencial. De súbito, parecendo que com ares desesperados, o autor se refugia na imensidade da ternura divina.

O poeta, sempre e em todo momento, traça rotas de fé e abre pistas de esperança a nível divino e humano.

* * *

Não é, pois, apenas e antes de tudo, um livro de poesia, mas uma espécie de pequena enciclopédia que abre caminhos e veredas para cima e para baixo do homem em todas as direções.

É um tesouro para qualquer leitor de certa elevação cultural.

Agradecimentos e felicitações para você, irmão Cláudio.

Frei Ignácio Larrañaga

Apresentação

Estes escritos são fruto de mais de uma década de despretensioso desabafo, Inicialmente só como oração, depois ganhando um ar mais abstrato, embora tudo muito real.

Por longo tempo, escondi de todos o que escrevia, pois, como era muito íntimo, sentia-me violado. O tempo contribuiu para que o sentimento de desnudamento, que ainda está presente, não me constrangesse mais. Quando presenciei algumas pessoas lendo (orando), como se fossem elas próprias as autoras, me senti emocionado, livre de quaisquer possíveis amarras e disse: é isso! Pertence à humanidade, já é de todos! Assim me sinto agora. Depois que sai daqui de dentro, já não mais pertence a mim, não é mais minha propriedade, não é meu; muito embora seja claro que sou eu em essência. Isto foi decisivo para que decidisse, enfim, publicar. A sensação de ser só um puro e simples instrumento de um SER maior, ganhou mais leveza em mim.

É tudo muito autobiográfico, mas com o passar do tempo consigo reler e não me sentir mais isto ou aquilo, que um dia visceralmente fui. É tudo uma verdade, mas passageira, muita visceralidade em transmutação.

Desde o início, anotava a data do escrito. Eles são tão vivos que da grande maioria me lembro do local, da circunstância ou do momento em que foi gerado.

Eis, enfim, algo de um caminho pessoal que espero, humildemente, facilitar a outros.

Use-o com total liberdade!
Agora é seu!
Agora é você!

KRenato

1. Tu – eu

02/02/1999

Pai,
Tu santo, eu pouco;
Tu puro, eu embaraço;
Tu ternura, eu ânsia de misericórdia;
Tu salvação, eu explicação;
Tu querido, eu privilegiado;
Tu encanto, eu encantado;
Tu compaixão, eu busca de perdão;
Tu nada, eu desamparo,
Desnorteamento, inércia;
Tu tudo...
Eu o Sendo, a Plenitude, o Amor!

2. Louvor à VIDA! *Outubro/2001*

Pai,
louvo-te pela vida, bem vivida,
pouco aprendida, muito sofrida.
Pelo dom de aprender e perceber
a cada momento que o que sei é nada, obrigado.
Louvo-te pelos teus instrumentos
em meio a este mundo atribulado:
amigos, família, carentes.
Pelo dom de depender, de ser necessitado
e de perceber o complemento em meus irmãos,
o que os faz úteis e eu feliz, obrigado.
Louvo-te pelos corações
que sentem dor, amor, os corações inúteis
ou os que irradiam vida e vida em abundância.
Pelo dom da humildade,
que dá liberdade ao espírito
e afugenta o ridículo
e o preconceito estéril, obrigado.
Louvo-te pela vida que se renova,
Clara, límpida, pura e transparente.
Pelo dom do amor que abarca, compenetra,
infunde e dá sentido à vida, obrigado.

3. Um salto no abismo   21/04/2002

Pai,
tenho te questionado tanto,
que hoje quero dar um salto de olhos vendados
no abismo de teu universo.
Que esta venda não me impeça de ver
além da possibilidade de olhos humanos.
Sou teu, pertenço a ti e como é bom
saber-me teu, sentir-me entregue,
inseguro, mas confiante.
Tens feito por mim maravilhas,
mas a tua permissão tem abalado
minha frágil estrutura.
O problema não é contigo, é comigo,
que não sei o que pensar e como agir.
Falta-me algo, não sei se humildade,
transparência, sabedoria ou até mesmo ação.
Apesar de... continuo estremecendo-me
com tua proximidade,
continuo sentindo-te mais vivo em mim
que eu mesmo, nestes momentos
de inteira entrega e total intimidade.

Mas... no dia a dia, este barro apresenta-se
mais frágil e inconsistente do que imaginas.
Só me agiganto frente a ti.
Fora: só impotência, insegurança, fragilidade.
Então, o que ser, senão teu servo e dependente?
Tu és minha estabilidade corporal,
emocional e mental.
Tu, meu porto seguro.
Já não posso viver sem ti.
Longe disso ser alienação ou fuga,
já que tenho plena consciência
do bem que me fazes e, tu comigo,
do bem que faço a outrem.
Enfim,
       SOU TEU
       E BASTA!

4. Apesar de... 26/04/2003

ABBÁ,
que bom é estar aqui contigo!
Tua mão poderosa não me abandonou
e sinto PAZ, que é o combustível necessário
para a batalha do dia a dia.
Mas lá fora, tudo é tão diferente...
É por isso que preciso diariamente
reabastecer-me em ti,
para que este mundo que me sufoca
e me impede até de coordenar as ideias,
ganhe novas cores, flores,
novos sabores e amores.
FORÇA, Pai, para ficar de pé,
para aguentar-me em pé, para não sucumbir,
não esmorecer, não arrefecer.
Força para aguentar o tranco
e, com a cabeça erguida e alegria na voz,
poder gritar ao mundo que Jesus Cristo
É e VIVE.
Peço-te SABEDORIA, não a do mundo,
adquirida nos livros e universidades,

mas aquela forjada a ferro e fogo
nas noites escuras, nas contrariedades
e aborrecimentos do dia a dia.
Nas decepções com aqueles em que mais
confiamos, nos "não" que recebemos,
quando já não temos mais nada a oferecer.
Nas omissões e silêncios que ninguém percebe,
que o nosso coração quer relevar,
mas a mente capta e armazena.
A sabedoria de saber que tudo isso
é passageiro e efêmero,
de que tudo isso será esquecido
e guardado no baú das lembranças mortas,
de que tudo isso não tem
nem terá a menor importância pelos séculos,
de que o que fica e permanece é a essência:
TU, meu Senhor Jesus, e todos
os silenciosos atos praticados para imitar
o teu comportamento e tua atitude.
Só TU não passa.
Só TU permanece.
Só TU me basta.
Silêncio na mente,
paz no coração.

Apesar do tumulto da vida, apesar de não ter
a mínima ideia de como agir amanhã,
apesar de... apesar de... a p e s a r   d e . . .
Se o que acontece e tem acontecido
é da tua vontade, apesar de humanamente
ser quase impossível acreditar...
Com o coração sangrando,
que só tu sabes como ele está agora,
eu digo contra tudo e contra todos
e com a maior convicção de minha vida:
FAÇA-SE!
Tudo está bem.
Tudo é para o BEM.
PAZ e BEM!
Amém.

5. Eu... Tu! 14/06/2003

Tu me sondas,
      me conheces,
           me amas

EU INCONSTANTE,	TU FIRME
EU DISPERSO,	TU ATENTO
EU DESLIGADO,	TU LIGADO
EU POUCO,	TU TUDO
EU AMADO,	TU AMANTE
EU LIVRE,	TU FELIZ
EU ENTREGUE,	TU FORTE
EU ACEITAÇÃO,	TU COMPREENSÃO
EU PUREZA,	TU A TOTALIDADE
EU EM TI,	TU EM MIM

TUDO: FESTA SEM FIM!

6. Convicção de fé!   12/07/2003

Pai,
onde estás, se tudo se cala?
Hoje o frio parece congelar não só meu físico,
mas meus pensamentos, atos e emoções.
Só tu não precisas ser tão frio, Pai.
Preciso que sejas para mim a sarça ardente,
a estrela de Belém, para que não perca o Norte,
o rumo, para que eu saiba distinguir bem
teus caminhos e teus anseios por mim.
Mas ainda continuas frio, e eu,
limitado que sou... distante.
Como tenho tentado incessantemente
manter minha atenção centrada em ti.
Como desejo ardentemente, mas me vagueio,
desvio a atenção rapidamente.
Resumindo, minha mente está uma confusão,
não distingo bem os pensamentos,
nem as emoções, nem os sentimentos
e muito menos um dos outros.

Preciso ficar só, mas o pior é que já estou só;
e como então ainda me vem tudo isso
junto e misturado?
Embora não sinta isso,
minhas convicções me dizem
que o que me resta é permanecer fiel,
atento, de pé, apesar de...
É estar com...
Embora não te sinta, não te perceba,
sei que estás comigo, és comigo,
e é isso que tem me sustentado,
mesmo sem saber até quando;
mas é que a cada dia tem bastado o seu fardo.
Uma coisa te peço: purifica minhas intenções,
santifica minhas ações, dá-me o discernimento
necessário para não sucumbir diante do mundo
e, assim, tomar as decisões certas,
no tempo certo, para o mais rápido possível
poder entregar-me a ti, sem restrições
nem constrangimentos.
Poder voltar para o fim a que fui criado,
acender a chama das aspirações originais
e poder gritar ao mundo, sem abrir a boca,
que JESUS CRISTO É e VIVE, eternamente.

Sabes por que sei que sou teu?
É porque quando estou contigo
sinto uma alegria contagiante,
uma vontade de "quero mais"...
E como se dissesse: aqui é meu lugar.
E longe de ti, angústia, solidão,
estresse, depressão, morte...
Se for do teu agrado
(porque do meu com certeza é),
retorna-me ao teu regaço.
E de novo sorrirei, brilhará um novo sol
e de novo seremos felizes.
UM
        NOVO
                TEMPO,
APESAR
        DOS
                      PERIGOS.

Estaremos juntinhos,
para eu sobre-VIVER,
para viver CONTIGO.
ASSIM SEJA!

7. Conduze-me   *16/07/2003*

Pai,
ternura que amo!
Vem, vem fazer de mim um instrumento;
um simples e útil instrumento;
um vazio e puro instrumento.
Com tua ferramenta, conduze-me de novo
a vales novos, à relva fresca, a cumes nevados,
a solidões inabitáveis, a rios caudalosos,
aonde queiras, como queiras
e quando queiras, vamos!
Mas, se posso ousar pedir-te,
quero ir a águas mais profundas,
a solidões sonoras, a bosques inabitáveis,
lá, aonde nada chega a não ser teu amor
incondicional e inconfundível.
É lá que desejo este encontro,
um encontro mágico,
mas sem nada de extraordinário;
só tu, com todo o teu peso e poder.
Por instantes fecharei meus olhos
e levar-me-ás a mundos nunca antes habitados.

Ausentar-me-ei dos sentidos
para sentir-te em plenitude.
Assim será nosso encontro:
eu, sem nada a oferecer;
tu, feliz em ter-me.
Eu, sedento de tuas entranhas;
tu, abarcando-me inefavelmente.
Eu, aberto, livre;
tu, plenificando-me,
saciando meus secretos desejos,
san - ti - fi - can - do - me.
Eu nada, nada, nada...
Tu, vivo, presença, tudo...
Nós, gozo, alegria, júbilo, graça...
PAZ PARA SEMPRE!

8. Coração puro e sorriso fácil!
02/08/2003

Pai,
como é bom sentir que estes nossos encontros
têm sido cada vez mais frequentes,
que tenho te sentido mais presente,
e eu, lógico, mais equilibrado e feliz.
Mesmo ainda subindo muita poeira
das confusões e decisões,
só de saber que tu estás além de tudo isso,
já me consola e me dá a segurança
de que, um dia, serei novamente
senhor de mim mesmo,
das minhas decisões e vontades.
Aí, Senhor, seremos novamente UM,
serei transparência e tu, totalidade em mim.
Anseio-te como uma noiva
que sonha a vida toda com o casamento
e, por estes caprichos da vida,
quanto mais anseia, mais ele parece
uma realidade distante.

Mas ela nunca desiste,
prepara pacientemente o enxoval
e fica à espera do seu amado.
Esperança, paciência, perseverança...
Como o tempo parece parar, andar lentamente;
como até ele parece limitado.
Como é duro um dia e outro dia e mais um...
Estar em PAZ,
perceber a ESSÊNCIA,
manter a SERENIDADE,
guardar a LÍNGUA,
ver o que está POR TRÁS,
aquietar o CORAÇÃO,
mantê-lo PURO e
finalmente:
conservar o SORRISO FÁCIL.
Tudo isso, mesmo na tempestade;
e, por mais violenta que ela seja,
deve ser o meu ideal de vida.
Só assim, mesmo sofrendo, mesmo contrariado,
estarei gritando ao mundo,
que só por ti, meu Deus e meu Pai,
vale a pena romper toda a lógica humana
e todos os princípios.

ABANDONAR-SE,
ACREDITAR (dar crédito),
AMAR,
DOAR-SE,
DEIXAR-SE AMAR,
SER FELIZ
FAZENDO O OUTRO FELIZ.
SHALON!
Amém.

9. Vida viva! *06/09/2003*

Ah, Pai,
tá acabando ou tá começando?!
Tuas vontades, teus desígnios...
Quanto mistério e quanto silêncio...
Tantas entregas e muitas incertezas...
Visão de fé e de eternidade...
Amar por convicção, abandonar-se ao abismo...
Ser fiel aos princípios, mas coerente aos fatos...
Viver com dignidade
para não se envergonhar da felicidade.
Saber a que veio e se recusar
a perder o dom original.
APAIXONAR-SE PELA VIDA,
FAZENDO-A ÚTIL, DOANDO-SE...
E, para não perder o costume: SENDO FELIZ!
Assim seja.

10. Nem muito, nem pouco
06/03/2004

Pai,
mais um dia, mais uma vez diante de ti,
mostrando de que barro sou feito, distração,
dores, cansaços, tão pouco a oferecer-te
e, mesmo assim, insistes em cercar-me,
cortejar-me e dar toda prova
de tão imenso amor.
Às vezes tudo isso pode parecer
tão formal, tão superficial...,
mas só quem vive essa experiência
de tantos contrastes pode entender o que te digo.
E tudo isso... terá fim?
Será que tenho feito a coisa certa?
Porque os resultados são tão lentos e as soluções
parecem cada vez mais impossíveis!
É que a mente já não consegue detectar
ou distinguir as prioridades.
Na verdade, não sei mais é se elas existem.

Confusas não são minhas palavras,
são minhas ações e meus pensamentos,
mas não minhas intenções.
Como desejo tanto e posso tão pouco;
como luto tanto e realizo tão pouco;
como sou nada: PÓ!
Sou tão limitado que não consigo
nem fazer do meu nada TU seres TUDO.
Pior, acho que nem nada tenho conseguido ser;
tenho sido nem muito, nem pouco;
mas tu, compassivo que és,
ainda não me vomitaste de tua boca.
Por teu AMOR,
        SALVA-ME,
                SENHOR!

11. Tudo urge!

27/03/2004

Pai,
como é bom ter a sensação
de começar de novo, mesmo que o passado
ainda faça parte do presente
e o futuro tenha os pés fixados no passado
ainda por looongo tempo.
Mas, o que urge é deliciar-me nas fontes originais,
é beber dos teus néctares,
é viver nos teus braços.
É acreditar sem precedentes que tudo em ti
é possível, perfeito e bom.
Teus ensinamentos têm sido duros,
muito mais do que eu poderia sonhar
que um dia seriam.
Mas, o peso de tua mão firme equilibra-se
com a suavidade de tuas inúmeras delicadezas,
de teus doces e saborosos caramelos.

Mesmo ainda serenando,
mesmo nublado, digo-lhe
de todo coração: TUDO
                ESTÁ
                        BEM,
já que
        TUDO (TU)
                É PARA
                      O BEM!

12. Gostaria tanto de dar um basta!

01/05/2004

Pai,
tantos pensamentos, tantas incertezas,
tanta vontade... como é difícil libertar-se,
como é custoso dar um basta.
O mundo, com suas armadilhas,
não permite que a gente
se desvencilhe dele tão facilmente.
Como faço tanto o que não quero
e deixo de fazer o que gostaria de fazer!
Por que, Senhor?
Por que é tão difícil ser senhor de mim mesmo?
Por que, mesmo a vontade sendo tanta,
a atitude não permite que ela se concretize?
Tu vês meu coração lá no íntimo.
Aliás, só tu sabes do que falo,
sabes desta angústia
e entendes o porquê destas contradições,
embora eu mesmo não entenda.

Pai, nasci para servir, não para mandar,
e, como servo, estou aqui mais uma vez,
pronto para cumprir tua vontade.
Fala, Senhor! Hein?
Fala mais alto, que me falta entendimento.
Se não falas, como posso escutar?
E, se não escuto, como posso executar?
O que me aflige nisso tudo é o seguinte:
se neste calvário que vivo, já há bastante tempo,
eu ao menos estivesse sendo útil,
servindo a meu próximo,
"acho" que não me angustiaria tanto.
É que ultimamente tenho servido
só a meu próprio umbigo, a minhas privações,
preocupações e necessidades.
E não sei por que não tenho encontrado o tempo
ou a forma de ser útil e levar todo esse teu amor
derramado e escancarado por mim.
E isso me torna mais inútil,
mais "mau", cada vez pior.
Quem vai romper este ciclo, o elo desta cadeia
onde parece que nada se resolve, nada sai?
Tu, meu Senhor e meu Deus.

Tu, e somente tu tens o poder
de fazer-me um homem novo,
não aqui no papel, mas na vida,
no dia a dia com meus irmãos,
voltar ao sorriso fácil, aos bons pensamentos,
aos sentimentos puros, ao olho no fundo do olho,
à mão estendida, aos pés dispostos e "em pé",
por ser filho do teu amor.

13. Unidade

13/06/2004

Pai,
silêncio... si-lên-cio...
       P A Z !
Equilíbrio, vazio preenchido
       N A D A
Coração que pulsa, corpo que escuta e absorve
       P A Z !
Mente apagada, ser intimamente ligado
       N A D A
Inspirar o divino, exalar a dispersão
INTEGRALIDADE, UNIDADE, PAZ!
Eu quero ser...
primeiro senhor de mim mesmo,
para, só então, ser:
SERVO
       do SENHOR
              ABSOLUTO
                      de MINHA VIDA.

14. Ele é. Meu Pai! 13/06/2004

Pai,
como é bom saber
que tenho o Senhor comigo sempre!
Não há na vida alento maior.
O Senhor dos senhores é meu PAI!
O Senhor da vida e da morte me ama
de forma eterna e gratuita.
Tanto poder para tanto amor.
Tanta energia para tanta doação.
Tantos pequenos gestos de predileção
para cada um em meio a tantos.
A tua perfeição escapa-me à compreensão
e, na verdade, não tento
nem quero compreender-te,
só abrir-me por inteiro a teu amor,
regozijando-me em ti, por ti e contigo.
Ser UM no amor,
Criador e criatura,
Senhor e servo,
Amante e amado,
Tudo e nada.
Eis que tudo se faz novo, de novo!

15. Perdão

18/08/2004

Perdão, Senhor!
Perdão, Senhor...
Perdão por tudo e por tantos.
Perdão por não fazer
ou por equivocar-me ao fazer.
Perdão por tanta impotência,
pela falta de entusiasmo que embota tudo.
Perdão pela incapacidade de perceber
tantas maravilhas ao meu redor
e fixar-me tão somente
naquilo que não dá certo, não dá fruto.
Aliás, o que tenho feito ultimamente
é remoer o passado, embaçar o futuro
e cambalear no presente.
Por que as convicções são tão difíceis
e desafiadoras a serem postas em prática?
Que falta de liberdade é esta
que nem ao menos consigo coordenar as ideias?
E os projetos, então?
Da mesma forma que parecem tão sólidos,
da mesmíssima forma se desvanecem um a um,
e com que facilidade!

Será que não passo de um mero sonhador?
Ou quem sabe de um exímio ilusionista?
Perdão, Senhor, perdão!
Por não ter correspondido às expectativas.
Por fraquejar, vacilar...
Tende, enfim, piedade de mim!

16. Busca da pureza original
26/09/2004

Pai,
mais uma vez diante de ti; e como é agradável,
saudável, estar diante de ti.
Tudo ainda tão confuso, tudo às vezes tão claro.
Os acontecimentos ainda por fazer,
para encaixar-se, para tomar seu curso;
e, enquanto isso, apreensão, fadiga, desgaste.
Quanta falta de sabedoria,
quanta energia despendida para o desnecessário.
Mas é que isso só se vê do lado de fora;
o momento é fogo, é brasa que arde e não se vê;
é chaga que dói e não se fecha;
é trauma que dificilmente se esquece.
Convicções. O que fazer
quando o coração quer e as mãos não obedecem,
quando o corpo clama e o intelecto justifica,
a alma reclama e a mente divaga?
Ó liberdade, arte divina,
qual o teu preço?

Quantos sacrifícios e privações
ainda hei de passar para reconquistar-te?
Por onde procurar-te,
se te encontras ainda em mim?
Por que me travas, se o que desejo é alçar voo,
buscar novos céus?
Se és divina, só o divino pode
romper-te em mim.
Por isso te suplico, Pai eterno,
dá novamente asas a quem um dia já rompeu
os horizontes de tuas manhãs,
retorna-me à pureza original.
Deleta vaidades e apropriações,
vence o mundo e tudo o que ele representa,
rompe as amarras e cadeias que me impedem
de ser totalmente teu.
E de novo, me farás novo.
(E de novo, serás exaltado e glorificado.)
FELICIDADE,
        JÚBILO e
                PAZ.

17. O Amor venceu! 16/10/2004

ABBÁ,
o que pulsa dentro de mim
é deitar-me em teus braços,
deliciar-me com teus abraços
e retornar às fontes, à pureza original,
nascer de novo, fazer tudo novo.
Que prazer é viver
semelhante idade cronológica,
onde a tua obediência suplanta tudo,
até a ti mesmo, para mostrar ao mundo
em todas as épocas, inconfundivelmente,
o que significa a palavra "AMOR".
O Amor trinitário rompe todas as barreiras,
o Amor venceu o medo, o fracasso,
a insegurança, a injustiça, o "eu"
e tudo que ele carrega, o Amor venceu a morte.
O Amor venceu a si mesmo com gritos,
lágrimas, suor e sangue, mas também
com resignação, aceitação, abandono,
serenidade e PAZ... para só então
viver na plenitude e para a eternidade.

Oh! Amor no qual eu nasci,
vivo e viverei por todo o sempre.
Oh! Azeite que mantém vivas
minhas esperanças num mundo melhor.
Oh! Fogo que me mantém aquecido
diante do gelo do dia a dia,
dia após dia e longos dias...
Oh! Vinho que me mantém embriagado
como nos primeiros tempos, e que tempos!
Oh! Sonho tão sonhado!
Oh! Amor machucado!
Oh! Chama que insiste em manter-se acesa!
Oh! Motivo pelo qual ainda permaneço em pé!
Oh! Dom que me faz ver por trás
dos acontecimentos e mais além!
Oh! Luz que dá brilho e sentido
à minha existência!
Oh! Santidade que almejo!
Oh!
MEU TUDO
    TUDO
      TU
Amém!

18. Dar... A quem de direito
05/12/2004

Pai,
minha fragilidade, debilidade,
às vezes assusta-me, de tão pungente
e clara que se torna.
Penso, às vezes, se tudo não passou
de um lindo sonho de juventude.
Quando os ideais se esfumaçam,
quando o chão, como num passe de mágica,
some debaixo dos meus pés,
nesses momentos perco a referência, o Norte.
Pobre de mim, quando me apoio em mim mesmo!
Quanta falta de sabedoria apoiar-me
num barro quebradiço, em areia movediça,
em pó, em nada.
Mas sabe, Pai, agora,
quando estou em intimidade contigo,
é fácil perceber tudo isso;
mas é que a batalha do dia a dia é fogo.
É que os problemas se avolumam tanto,
que na hora fica até difícil

ordenar os pensamentos,
priorizar o que realmente é importante.
A partir de quando tudo é relativizado,
a poeira baixa, se é que baixa...
Só tenho uma convicção na vida:
eu só quero AMAR,
AMAR... AMAR o AMOR!
Amar de mil formas e maneiras, AMAR.
Como tudo isto está difícil,
como tudo está tão confuso,
como me sinto ainda no olho do furacão,
sem apoios, sem solução,
tudo tão frio e calculista!
Que incoerência, uns lutando por ter
e ter cada vez mais.
Eu? Nome, fama, posse, dinheiro, tudo é pó!
Por favor, Pai, ajuda-me
a dar a César o que é de César
e a ti, eu... despojado e feliz.
FAÇA-SE!
Amém.

19. Nasça, novo! *19/12/2004*

Pai,
aproxima-se teu aniversário, ou melhor,
o aniversário de teu menino,
aquele que veio para cumprir tua santa vontade.
Nascer de novo, nascer novo
é o que ardentemente desejo.
Deitar em tua manjedoura
e viver no aconchego de teus braços.
Chorar a vida, celebrar o encanto
desta passagem dignamente vivida.
Ser criança, pureza sem ocupações,
muito menos preocupações.
Não conseguir sobreviver,
muito menos falar, andar, comer,
sem estar totalmente apoiado em ti,
confiando única e exclusivamente
em teu desvelo, carinho e abnegação.
Impotência total e absoluta,
eu quero ser e viver sempre assim.
Que me importa identidade, história,
passado e futuro, se só tu no agora me basta?

Para que nome, prestígio, honra, posses,
dignidade, hombridade, tudo em nome
da moral e dos bons costumes,
se tudo não passa de fachada,
aparência, pó e lixo?
Se TUDO PASSA e só TU PERMANECES...
É duro romper com tudo isso;
afinal, o que pensarão se agir assim?
E tudo que já conquistei
com retas e boas intenções?
Nada disso importa mais,
só teu amor e proximidade.
Quero fazer o bem, não para ser bom,
nem para receber elogios,
mas para assemelhar-me a ti,
único sentido de minha existência.
Num momento em que o mundo
comemora teu nascimento,
uns criando pretexto de consumir cada vez mais,
outros poucos com retidão de pensamento,
quero pedir-te de joelhos e mãos postas:
MATA-ME!

Ainda o pouco que resta de mim mesmo,
acaba, finaliza.
A vontade de não estar com... extermina!
O desejo extremo de sumir... não permitas!
Mesmo que treina por dentro,
como estou agora, só de pensar em...
Rompe de uma vez por todas
com as amarras de meu eu.
Minha vontade é fazer a tua.
Meu desejo é servir-te sempre e cada vez mais.
Minha ambição é ser nada, pó,
para que tu sejas em mim.
É bom falarmos disso, Pai.
Estive pensando se agora não é a hora
de finalmente fazer de mim
um instrumento teu.
Já que não sou nem represento mais nada,
é hora de mostrar todo teu esplendor e beleza
no zero a esquerda a que fui convertido.
Para que o mundo veja, inconfundível,
que neste corpo e mente tão débeis,
se algo de bom existe, só pode ser
por prodígios do Altíssimo.

É só o que me consola: ser livre
para doar-me inteiramente,
servir ao fim para o qual fui concebido.
Enfim,
      PURIFICA,
              LIBERTA,
                      MATA-ME.
Amém.

20. A noite *24/12/2004*

Noite das Noites!
Noite de amor!
Noite onde o divino e o humano
fizeram juras de amor eterno.
Noite onde a pobreza mais absoluta
se fez rainha.
Noite onde o nada se fez tudo e o Tudo...
miséria e canção.
Como podes, Deus-menino,
encantar uma humanidade intelectualizada,
com ingenuidade e pureza?
Como pode haver tanta eloquência
em tanta rusticidade?
Mas e tua estrela? Por onde brilha,
se os olhos já perderam o brilho
e a transparência?
Por onde anda teu José, teus Josés,
felizes em estar em segundo plano,
se o que nos ensinam hoje é só ser primeiro
em tudo, haja o que houver?

Por onde anda tua Maria,
aquela, "a desaparecida",
se o que somos capazes de gerar
em nosso seio é só termos cada vez mais,
e assim nos tornamos um solitário
em meio à multidão?
Por onde anda teu burrico, humilde e ignorante,
pronto para servir-te sem perguntas,
sem queixas, completamente abandonado
à tua santíssima vontade?
Enfim,
por onde andas tu, menino?
Em que manjedoura nascerás hoje?
Quantos presentes terei ainda que destruir
para seres presente em mim?
Quantos "eu" terão que morrer
para nasceres definitivamente?
Mas,
silêncio... silêncio...
ao longe ouço um choro...
É NATAL!
ALELUIA.

21. Mais um ano...   *31/12/2004*

Pai,
mais um ano, mais um mês,
mais um dia que se finda, e eu aqui.
Quero paz, a paz deste entardecer,
a tua santíssima presença de forma inequívoca.
Para ti, será o restante de meus dias.
Tu, fogo que vivifica...
paixão que preenche e dá sentido a tudo.
Como baterá o meu coração,
senão no teu compasso?
Que sentido têm meus poros,
senão para exalar tua compaixão?
O que será desta humilde existência,
senão viver-te em plenitude,
tu, meu fim e objetivo único?
Viverei por ti, anular-me-ei para ti,
romperei o que ousar se pôr entre nós
e seja lá o que for.
Pega-me, então, em teu colo,
canta-me aquelas canções de ninar

e aí em teu céu viraremos o ano
como eternos enamorados.
Eu fascinado, tu entregue.
Nós nos amando e nos permitindo ser amados,
PAZ para SEMPRE.

22. Derradeiro Amor derramado!
25/03/2005 (Sexta-feira da Paixão)

Onde está a tua vitória, ó morte?
O Pai ressuscitou seu Filho...
Vergões, hematomas, sangue, muito sangue,
dor, muita dor...
Tudo suplantado no Amor!
Empurrões, cusparadas,
espinho perfurando o crânio, desonra...
Tudo suplantado pelo olhar misericordioso
a seu pobre Pedro (Amor!).
Falta de ar, falta de força,
um passo, depois outro,
cambaleando não aguenta o madeiro e cai...
Todo voltado às mulheres:
não chorem por mim, mas... (Amor!).
Alta voltagem e... um cravo no pulso;
busca no pulmão o ar escasso
para não desfalecer e, de repente...
outro cravo no pulso.

Sem tempo sequer para reunir forças,
levantam-no no madeiro, as chagas se rasgam
e, a cada busca de um gole de ar,
elas se abrem cada vez mais.
Os pés se ajuntam e... alta voltagem...
se cravam junto ao madeiro e... como resposta:
– Por favor, Pai, perdoa a estes.
É, isso mesmo, justamente a estes,
que fazem estas barbaridades comigo,
porque eles não têm consciência do que estão
fazendo. Amor!
Que posso eu, filho da cruz,
fazer para ser digno de tanto Amor?
Perdão, Senhor, por eles;
perdão Senhor, por mim,
que às vezes omito socorro a ti.
Quero dar a ti o meu sangue,
única forma de sobrevivência tua;
quero subir no lenho e tirar cravo por cravo teu,
quero cuidar de tuas feridas, uma a uma,
com o bálsamo da compaixão.
Quero, quero... quero tanto,
e posso de verdade tão pouco!
A limitação é a irmã querida e sofrida
que carrego todos estes anos.

Sei que não precisas de muito, por isso ofereço-te
o que de mais precioso tenho:
minhas puras intenções, com meu coração.
E reafirmo:
ACEITO, COM PAZ e EM PAZ,
MINHAS CRUZES HUMILDES
E VULGARES.
Assim seja.

23. Viver envolto

12/06/2005

Pai, Pai,
Agradecer-te é o que quero...
Louvar-te é o que desejo...
Amar-te é o que anseio...
Buscar tua face sem máscaras,
Nem meias verdades.
Perder-me em ti,
Ser nada por ti.
Embebedar-me em teus néctares,
Deleitar-me em teus manjares,
Saciar-me nas fontes originais.
Viver envolto, compenetrado e penetrado em ti.
Já não mais ser, que importa!

24. Ressoe coração! 12/06/2005

Pai,
que as ressonâncias de meu coração
possam contagiar o mundo agora.
Mundo de lutas, injustiças,
todos só querendo ter,
mundo de ricos insaciados
e pobres massacrados.
Que os finos acordes de tua cantiga
possam sensibilizar os insensíveis
e fazer cantar os pobres de mãos vazias!
Fazer o bem, receber o bem...
Que pudesse ser um doceiro
para adocicar as línguas amargas;
ser portador de caramelos
aos mais desprotegidos.
Que enfim... meu sonho de ouro
se concretizasse: ser totalmente esquecido
de mim mesmo e de meus interesses
e voltado a ti, nos meus irmãos.
Ser servidor,
viver em função de outrem.

Nada para mim.
Despojar-me.
Tudo... teu,
Tu... eu.
O que hei de querer mais,
senão
      a ti,
           só a ti,
                  meu SENHOR!

25. Contradições 10/07/2005

Pai,
quanta vontade em servir a ti
e não a este mundo!
Dá-me o equilíbrio necessário
para suprir as necessidades básicas dos meus,
sem perder de vista minha prioridade máxima,
que é o teu Reino.
Se nasci é para ti,
então por que não vivo para ti?
Que amarras são essas, que me impedem
de ser totalmente teu, de viver
para o fim a que fui concebido?
Por que tanta limitação,
por que a vontade e a ação são tão distintas?
Onde, onde estou falhando?
Que rumos tenho que corrigir?
Neste momento de pura sinceridade,
mostra-me, Senhor!
Tenho consciência clara de que não sei
em qual momento tomei o bonde errado.

Então, se é só pular, por que não o faço?
Será que me falta força? Ou decisão?
Ou seria clareza de pensamento?
Será que não tenho sido o autor de minha vida,
mesmo sem querer?
Mas Pai, apesar de toda esta confusão mental,
sinto que as coisas estão próximas
de serem resolvidas.
Tua luz novamente brilhará
em meio ao firmamento,
soberana e inconfundível;
e eu, como humilde servo,
acolhê-la-ei e serei feliz.
Como é difícil expressar em palavras
o quanto anseio por ti,
o quanto já faz parte
de meus pensamentos e emoções,
o quanto me sinto completo
quando estou contigo.
Sem ti, não sei mais viver.
Sem ti, o que fazer?
Se em ti está todo o meu SER.

26. Adorar...

11/08/2005

Pai,
A - D - O - R - A - R,
a brisa suave roçando o verde,
os pássaros delicadamente saudando as árvores,
as formiguinhas a passear por mim.
E todos louvando e bendizendo a ti,
Criador imortal.
PAZ,
SILÊNCIO,
NADA...
ÉS TU, MEU DEUS E SENHOR!
Como calar,
se algo explode dentro de mim?
Ao Amor não se ama, como deveria...
Ao Amor não se escuta, como merece...
Ao Amor não se sente
com a eloquência desejada, não sai de dentro,
não preenche, não sacia.
Até quando, Amor, ainda por quanto tempo
não serás devidamente: amado!

27. Um amor superior   11/08/2005

Pai, Pai,
um Amor superior, um Amor puro,
capaz de satisfazer sem requerer para si.
Capaz de saciar, sem ultrapassar.
Permite-me o dom do nada,
a alegria de suplantar as paixões,
preenchendo-a com vazios
cada vez mais profundos.
Cavar em mim algum escombro
que por acaso insista em permanecer.
Nada, meu Senhor, nada!
A não ser teu esplendor.
Em mim nada mais pulsa,
senão as batidas de teu coração.
Pobre, humilde, desprendido,
desapegado e puro.
Quem, a não ser eu mesmo,
pode separar-me de ti?
Não me mandes mais outros mensageiros,
pois o que desejo ardentemente é a ti,
VIVO, VERDADEIRO.

Sinto que preciso romper definitivamente
todos os preconceitos que me ensinaram de ti,
para assim viver-te em plenitude.
Atrocidades foram e são feitas em seu nome.
Não permitas que seja eu mais um.
Estou disposto a aprender tudo de novo,
se assim for do teu agrado.
Sei que muitos mundos,
muitos "eus" serão necessários
ainda serem derrubados,
para que meus ouvidos e boca
sejam transparentes instrumentos
de tua santa vontade.
Arregaçadas as mangas, vamos lá!
Onde tenho de mudar?
O que faço e não deveria fazer?
O que não faço e precisaria fazer?
Sei que ainda muitas noites terei de atravessar,
muitas batalhas ganhar
e em muitos combates abandonar-me.
Mas só uma coisa te peço:
SEJA SEMPRE O MOTIVO ÚLTIMO
e ÚNICO DE MINHA CONDUTA.

28. Fica, Senhor!   14/08/2005

Pai,
não desejo novidades,
nunca desejei coisas extraordinárias.
Desejo, sim, fechar em mim, para abrir-me a ti.
Quantos e quantos anos seguidos eu te pedi:
fala, Senhor!
Hoje, não; hoje é: fica, Senhor!
Pois só quando formos um
é que falarás abertamente.
Este mundo é uma incansável batalha
de derrotas e vitórias; mais de derrotas,
do que de vitórias, é verdade.
Mas, quando conseguirmos
olhar o mundo com olhos puros, os olhos da fé,
veremos que de tua parte para conosco
tudo foi Amor, porque sois o Amor
em essência...
E veremos, admirados, o quanto sofremos à toa,
quanta importância demos
para aquilo que hoje é e amanhã, já não mais.

Quanto tempo desperdiçado,
quando podíamos simplesmente amar o Amor,
praticar o Amor, viver o Amor, no Amor.
E eu agora me pergunto para que tantos estudos,
se o essencial é invisível;
para que tanto conhecimento,
se o que precisamos é de experiência;
para que tanta complicação, se és a simplicidade?
Por mais que os homens digam que sim,
por mais que tentem me convencer do contrário,
a essência é ter o teu coração manso e humilde.
Nada mais de palavras bonitas e convincentes,
nada mais de outros
que não saibam preencher-me,
que não saibam por quem minha alma
palpita e suspira...
Não permitas nunca que esta certeza
aparte-se de meu coração.
Sabedoria! Para nunca mesclar
o teu nome com meu nome.
Silêncio! Para ter a exata
proporção de nossas dimensões.
Humildade! Para não perder
o riso fácil e o brilho nos olhos.

Fé! Para ter a certeza de ver
o que o mundo não alcança.
Misericórdia! Para quebrar barreiras,
ritos e agir sempre como ages comigo.
Transparência! Para que o fim último sejas tu.
PAZ!
A TUA PAZ!

29. Até quando? 29/10/2005

Pai santo,
abre as portas,
abre minha mente e meu coração!
Os rumos, quando parecem tão claros,
se confundem.
Quando acredito ter achado a luz no fim do túnel,
ela se apaga ou se ofusca.
Quando a mão alcança o alto do poço,
de novo escorrega ou tratam de dar
uma forcinha para que isso aconteça.
Até quando, Pai? Até quando...
Até quando existirão forças...
Até quando resistirão as esperanças...
Até quando as tochas não se apagarão?
Sabe, eu até tento resistir,
tento manter o equilíbrio e não perder o foco,
mas é que tá difícil, Senhor,
tá difícil não desesperar e não perder o controle.
Em mim, vivem dois contrastes:
a luz de que tudo está muito próximo

de se resolver,
e a ansiedade e o medo de que nada sai do lugar.
Por que tudo se confunde e mistura?
Por isso imploro teu discernimento,
para não perder de vista teu caminho,
único objetivo de minha vida.
Imploro também a tua benção,
para que meu coração não perca sua retidão
e continue a ser pobre, puro,
humilde, simples e transparente.
Só desejo a ti, minha vida!
Por que é tão difícil alcançar-te?
Por que esses escombros insistem
em contrapor-se entre nós?
Sei que há muito que morrer em mim,
às vezes, sinceramente, não sei como fazê-lo;
mas tua graça, Senhor, tua mão misericordiosa
me mortificará ainda muitas vezes,
para só, então,
SER
TOTALMENTE
TEU.

30. O tempo... *06/11/2005*

Pai santo,
renova meus propósitos,
que com o tempo perdem força e cor.
Quero tanto e posso tão pouco!
Desejo ardentemente,
consigo fracamente.
Respiro, retiro-me,
busco teu rosto abençoado.
Renovo-me!
Novos ares, novo alento, novas esperanças...
Eis que tudo se faz novo.
E passam horas, dias, semanas, meses,
e o desalento bate novamente à porta.
Bem-vinda, irmã insignificância;
se não posso livrar-me de ti,
aceito-a com amor e paciência.
Aceito em paz os meus limites
e também o contraste do que há
dentro de mim e fora de mim...

Aqueles ideais da tenra juventude
ainda insistem
em estar guardados, lá, onde só tu tens a chave.
Em PAZ ESTOU
e QUERO PERMANECER.
Tudo o mais é...
NADA.

31. É re-Natal! *24/12/2005*

Oh, meu recém-renascido menino,
mais um ano, mais uma vez renovo meu pedido:
renasça em mim.
Para essa carcaça velha,
dá-me os ares novos da abençoada Belém.
Para o meu cansaço constante,
o teu choro, gritando a vontade de viver.
Para a luz que insiste em faltar no fim do túnel,
a transparência de teu olhar.
Para o meu desânimo intermitente,
o teu sorriso angelical.
Para esses meus longos e intermináveis dias,
meses e anos, que parecem não ter fim,
tua doce mãe, que suportou
por mais de trinta anos teu obstinado silêncio,
mantendo de pé aquele seu longínquo FAÇA-SE.
Para a esperança, essa luz tênue,
para que não se apague definitivamente,
deste-me o alento
dos beijos e abraços de meus filhos.

Até onde queres me levar?
Até quando suportarei?
Até quando terei que fazer os mesmos desabafos?
Sei que só estou aqui ainda
porque tu és vivo em mim, senão...
Não te peço que sobre algo para recomeçar,
se for do teu agrado pode exterminar com tudo.
A única coisa que peço
é que acabes com tudo isso
para novamente renascer,
com novas prioridades, mais maduro,
valorizando o mais simples.

32. Quero! E não faço... 28/07/2007

Pai,
como agradecer-te por tantas graças,
se o que faço é tão pouco...
Mas é que a graça é de graça, né?
Sabe, sempre soube que eras assim,
desproporcional em tuas bênçãos,
dás a quem queres, como queres e o quanto queres.
Só, Pai, que agora sinto que preciso doar-me mais,
sinto estar muito preso ainda a meu mundo,
a minhas limitações, nestes probleminhas
que insistem em não ter fim.
Mas sei que o Senhor da história és tu mesmo,
eu sou apenas um mero coadjuvante
e ainda por cima indisciplinado.
Mas querer eu quero muito,
só não sei por que não faço;
acho que é o que Paulo diz:
faço o que não quero e deixo de fazer
aquilo que gostaria de fazer.
Tudo, já há alguns bons anos,
vem vindo nublado e nada de clarear;

e eu, por mais que me esforce,
não consigo ver o caminho,
não consigo sair deste marasmo
em que se transformou a minha vida.
Se na teoria tudo parece tão simples, por que
então na prática tudo é tão difícil e confuso?
Não é que esteja me queixando,
só queria reagir, e tu sabes bem disto.
Se a falha é comigo, mostra-me, descortina Senhor!
Conheces meu coração,
e com ele o meu mais puro sentimento;
por que então estes não se concretizam?
Às vezes o sinto tão perto, mas...
Às vezes, infelizmente, tão longe!
INCONGRUÊNCIA,
DESPROPORCIONALIDADE,
VONTADE,
ARDOR,
SILÊNCIO,
PAZ!

"Eis meu servo que eu sustenho,
o meu eleito, em quem tenho prazer." (Is 42,1a)

33. Solitário na multidão 21/10/2007

Pai,
a tua misericórdia é imensurável
e desproporcional!
Como eu, pó, posso retribuir a milésima parte
de tanto Amor derramado e escancarado?
Mas uma coisa acho que já entendi,
não posso me constranger
por essa enxurrada de Amor,
só absorvê-la o quanto me for possível
e regozijar-me em ti.
As pessoas estão carentes de relações profundas,
de comprometimento, de amizade real,
de alguém que seja capaz de escutá-las
e somente escutá-las;
e em quem possam realmente confiar.
Falta silêncio ao meu redor,
mas, e dentro de mim?
Que incoerência.
Quanto mais se globalizam as comunicações,
mais se virtualizam os contatos,

mais ampliamos este vazio existencial,
mais somos solitários na multidão.
Frieza nas relações, depressão, insatisfação,
busca de remédios com resultados
instantâneos e inexistentes.
E eu, Senhor, o que tenho feito por tudo isso?
Por que quero tanto e faço tão pouco?
Onde tu, em mim, serás mais útil?
Por teu amor, mostra-me!
Rompe de vez esta minha miopia!
Obrigado, Senhor,
por me conceder momentos especiais como
este, quando eu posso repensar e refletir
e, aos poucos, tomar pequenas atitudes
que vão modelando meu comportamento.
Mas eu quero é mais.
Tu em mim podes mais e mais e... +

34. Encontro profundo 03/08/2008

Pai,
a vontade é ficar...
mudo, quieto, abismado em ti...
Quanta perfeição, quanta grandeza há em ti!
Que contraste, eu tão pouco,
sinceramente tão pouco, quase nada.
Por que, então, se dignas tu, a olhar com tanta
misericórdia para tanta insignificância?
Olhar, admirar, sentir-se UM,
com todos os seres e em ti.
INSPIRAÇÃO, vazio, nada...
ÉS TU, MEU PAI!
Mas onde estou eu?!
Perdido, imerso, absorto em ti!
SILÊNCIO... PSIU...
OUÇO O AMOR,
CANTA A ALEGRIA DE VIVER.
PAZ...
A paz de um ENCONTRO PROFUNDO!

35. Permissão pra viver   07/01/2010

Pai,
quero hoje rasgar o véu de minhas emoções.
Hã?! Como se isso me fosse possível...
Quero sentir mais e dizer menos.
Tantos sonhos vivem,
onde achei já serem estéreis...
Traduzir minhas pulsações em emoções
é trair meus sentimentos.
Galgar por cumes inacessíveis,
desprovido de vestimentas e acessórios
aparentemente indispensáveis
é o que clama meu corpo.
Acessar o divino na pureza do humano.
Escancarar o íntimo, sem receios,
reticências ou explicações.
Tocar o sublime com despojos de humanidade.
Não limitar os sonhos, fazendo deles indagações.
Dar asas ao inaudito,
aos clamores, às trombetas.
Ao Amor, luz e ternura.

Ao que é podre, odres de compaixão;
ao que não me é ensinado, ressignificação.
Ao que me impuseram, astúcia para mudança;
e ao que insistiram e insistem, discernimento.
Àquilo que de tão feio nem pode vir à tona,
magia e ousadia.
Ao poder de tocar o alheio, melodias eternas.
Ao que me causa asco, humildade.
Às diferenças, sabedoria.
Ao que é comum, estranheza.
Ao outro, este desconhecido, reverência total.
Permissão, Senhor!
Permissão pra viver novamente;
pois o ar é tão puro
quando se vive tantos anos afogado!
O grito é tão límpido,
depois de me tomarem a voz!
E a liberdade plena, quando até já esqueci
o que significa verdadeiramente VIVER!
Perdoa-me os excessos, já que não sei mais
o que não sejam LIMITES e ABNEGAÇÕES.
Que eu erre, mas por amar demais
e me permitas ser amado
e sem me fazer de rogado.

Que se houver confusão,
não seja mais por ideias e discussões,
mas por profusão de sentimentos.
Que esta pureza que emana de minhas entranhas,
possa ser capaz de contagiar
aos que se dispõe a serem tocados.
E o que há de mais profundo em mim
possa, enfim, ser inundado da ternura humana.
SIM! Eu quero, Senhor!
Quero que todas as minhas células
sejam totalmente preenchidas da pureza
deste Amor genuíno, para que eu... exale:
Amor... I n e v i t a v e l m e n t e.
Amém!

36. Só por hoje
15/01/2010

Eu queria ter o dom de tocar sem encostar,
retirar sem ferir.
Colocar exatamente onde é necessário preencher.
Não ultrapassar, só doar.
Ter a leveza do ancião.
A delicadeza da pétala.
A suavidade do humilde.
E a ousadia do pobre.

* * *

Só por hoje, quero ser canção.
Só por hoje, encantar e deixar-me seduzir,
ser o não pensamento.
Só por hoje, quero entregar aquilo que queima
na mão daquele que É e me eleva,
quero, como agora, fechar os olhos e ver do alto.
Só por hoje, quero transbordar desta alegria
e não permiti-la estagnar.
Só por hoje, ser este desconhecido
eu de mim mesmo,

ser um canal tão transparente
que flua a vida de suas entranhas.
Só por hoje, quero semear despretensiosa
e cordialmente ao léu,
sem me ligar à produtividade,
nem ao menos sequer se um dia enxergarei o fruto.
Quero deixar a meus filhos uma só herança:
uma vontade irresistível de viver!
Quero tanto, mas, pobre de mim, posso tão pouco!
Sinto que há algo não meu,
superior em mim,
que emana vitalidade em profusão
e que, com minhas crendices e certezas,
só faço obstruir ou desviar –
DESCONSTRÓI!
Só por hoje,
quero ser a bondade sem justificativas.
Quero ter o encontro tão sonhado
e a vida do não planejado.
Quero viver a engenhosidade
do pensamento de minhas crianças,
onde tudo é permitido, facilitado, mágico e bom!
Por que a gente cresce e se esquece?!

Só por hoje, quero arrancar
a fibra mais sensível de meu coração e enxertá-la
no daqueles que perderam
o motivo para o amanhã...
　　　　　　　para o hoje...
　　　　　　　　　　para o agora...

37. Amor, pobre amor! 21/01/2010

Pai,
se hoje me fosse dado o poder para mudar algo,
gostaria de mudar a palavra: amor.
Como pode um sentimento tão sublime
ser tão banalizado?
Tudo que precisa de justificativa
se faz hoje em nome dele.
É como se assim fôssemos absolvidos
do que há por trás de nossas atrocidades.
Reduziram-no a atos padronizados, formataram,
encaixotaram o que não tem limites.
Por isso, a partir de hoje,
quero dar a ele outra categoria.
Se pensar bem, lá no fundo,
quase toda origem dos problemas
se encontra em sua carência,
que endurece, atrofia, congela,
tira o colorido que dá sentido.
Essas leis modernas, em que tudo
tem a necessidade de certa cientificidade,
objetividade e clareza, como se tudo só existisse
se fosse bem definido e dimensionado...

Mas como limitar o eterno?
Por isso, quero não definir em mim
aquilo que supera meu entendimento;
quero só vivê-lo
com a maior intensidade possível,
até que minha mente possa não ultrapassá-lo
ou ele possa transcender-me.
Por que, pobre amor,
tem que se adequar a tanta imperfeição,
se é de ti que se originaram todas as coisas?
Tu, a fonte, o modelo, a energia.
Por que então viver de tuas migalhas,
se és expansão contínua e não cabes em si?
Ei, Irmão Francisco, desce daí, vem pra cá,
infunde humildade neste teu pobre servo,
para que um dia encoraje e acorde minha rua,
a das flores, cores e amores.
Hein?! Quem sabe aos berros de que
"o Amor não é amado, o Amor não é amado!"...
Por que, Irmão, até os dias de hoje, infelizmente,
o Amor continua não sendo amado?
Vem, vai... Engrossa minha voz!
A partir de hoje eu quero é mais:
DAR e RECEBER!

Vou lutar com todas as minhas forças,
só para não opor resistência a teus encantos,
e isso, que aparentemente é pouco,
para mim, será o bastante.
ABRIR-ME,
ENTREGAR-ME,
DOAR-ME.
Ah, é! Faltou-me o outro nome,
mas, o que importa,
nunca serei mesmo capaz de nomear o inominável.
E aí, que faço eu agora, com esta incandescência
que incendeia dentro de mim
e que tenho de submeter a convenções?

38. Caminhos a reencontrar
06/02/2010

Pai,
como custa sair do fundo do poço e respirar.
UFA...
São tantos horizontes ao mesmo tempo!
Quantos empecilhos do passado
ainda atravancam a passagem!
Que tal me conceder asas novamente, hein?!
Sabedoria para revitalizar,
audácia para romper em definitivo...
Agora já não está mais dando para hibernar,
pois lá fora tá a vida e aqui dentro o vulcão.
É engraçado pensar que,
em uma altura desta da vida,
tenha que re-aprender a viver,
um misto de ingênuo e sagaz.
Envolve academia com experiência,
o que é claro com o novo.
O futuro clama, o passado reclama
e o presente basta.

O silêncio me sacia, mas o barulho me seduz.
Quero sentir mais cheiro de terra molhada.
Rolar nas poças.
Empurrar fusca no barro com motor desligado.
Escorregar nos barrancos.
Cantar desafinado "meu caro irmão"
com meus amigos na chuva.
Simplesmente ser feliz,
sem ter que dar explicações.
Afinal, por que pra ser feliz
tem de se explicar tanto?
Devemos o quê, a quem?
Quais laços podem nos obrigar a isso?
Controlam-nos ou permitimos ser controlados?
De onde veio esta norma?
Deste jeito, parece, tudo se tornar mais difícil,
já que em tudo se faz necessário
ter uma lógica, uma plausibilidade.
Só de ter que encontrar motivos pra
argumentar, explicar, já me desanimo.
Esquecemos que o gostoso é o imprevisto.
O natural vem sempre rascunhado.
A surpresa vem com suspiro.

O que impulsiona é o encantamento,
faz pulsar o não planejado.
O que dá sentido é a ousadia,
é o que apimenta, que dá gosto.
Que graça há em acordar,
sabendo tudo que se passará?
Talvez, se assim fosse,
já não haveria vontade de levantar novamente.
Autenticidade caminha sempre
de mãos dadas com a liberdade.
E aí? Por quais ruas andam vocês?
Digam, por favor,
em que caminho eu me perdi?
Por acaso haverá algum atalho
para me reencontrar?
A essência se foi... E eu, com ela...
Restará alguma esperança, capaz de derrubar
ensinamentos tão fortemente consolidados?
Restam ainda meus filhos,
e, antes que eu os contamine,
que eles me convençam a trilhar
novamente aqueles bosques encantados.
Que venham então a chuva, o risco, as fadas,
o AMOR!

39. Um olhar infantil... 06/09/2010

Papai do céu,
voltar ao teu encanto,
na original pureza infantil.
Olhar-te saindo do teu forno,
sem interferências.
Criar com o Criador,
re-criar pelo teu Amor.
PERMITIR-SE,
NÃO INFLUIR... CONFLUIR... FLUIR,
INSTRUMENTO LÍMPIDO,
PARTE, TODO,
ser: "O SER".

40. O nada preenchido, o tudo desprovido   25/09/10

Pai,
o zelo por tua casa me consome.
Que oásis, um dia como hoje,
em meio ao tumulto da vida.
Quanto é grande minha necessidade de ti!
Só em ti me sinto completo,
totalmente integrado com as criaturas,
pertencente ao todo que me converteste.
Como explicar esta vontade louca
de parar o tempo, de eternizar o agora,
de sorver até a última gota de teus néctares,
levando-te comigo
nesta batalha incessante
em que me perco?
E nem sei a que recorrer.
Tu, fonte! Manancial que emana,
pedra que brota, fogo que rejuvenesce,
alento que impulsiona, silêncio que dá sentido,
trans-formação inerente.

Tu, o nada preenchido, o tudo desprovido.
Tu,
O **FIM**,
ALENTO,
VIDA,
SETA,
PULSAÇÃO,
SENTIDO,
O **MEIO**,
A NÃO VISÃO (ESCURIDÃO TOTAL),
COLO,
BRAÇO ENVOLVENTE,
SOR(RISO) COM(PENETRANTE),
AMOR TRANSPARENTE (EXPANDIDO),
NÃO CABE EM SI, EXALA
O **PRINCÍPIO**.

41. Grito silencioso de ressurreição
14/10/2010

Pai,
que faço eu com tudo isso
que tá aqui dentro e não sei significar?
Não só pulsa, como pula, li qui di fi ca... Fica!
Angustia, ter ni fi ca... Fica!
Quanta solidão e presença juntas!
Quanto amor e Amor arraigado!
Quanto sorriso plantado!
Tanto gelo aquecido,
tanta mesmice ressignificada...
Qual tua medida, sentimento puro?
Porque me falta equilíbrio
entre o silêncio presente e o vômito incontrolável.
Para o tempo que eu quero viver...
Deixa-o solto que eu quero morrer...
Ó vida, cabe em mim!
Ó irmã incompreensão, compreende-me!
Ó integralidade, que rasga meu corpo,
ridiculariza-me!

Arranca preceitos, formalidades,
conceitos construídos,
para libertar-me!
Porque ainda insisto em ser o que não SOU.
Que vendaval derrubará minhas altas muralhas?
Que intimidade desnudará
esta carcaça preconcebida?
Onde mesmo se perdeu a chave
de minha interioridade?
Onde posso encontrar-me no mais puro de mim,
sem vergonha e justificativas?

"Tengo muchas ganas de ser yo,
Tengo tanta nostalgia de mi!"

42. Camadas de mim mesmo
06/11/2010

Ô meu Pai, por que não consigo arrancar
do meu peito esta angústia que me aflige?
Por que dor, confusão e libertação
se encontram tão misturadas, se são tão distintas?
Tenho me doado assim, abruptamente,
com tanta urgência, senão tudo entorna,
escorre, inevitavelmente.
Se não o fizer, estas energias
parecem ser sugadas pelo ralo
do automatismo, de um tal cotidiano.
Que loucura é perceber que em tudo isso
a mente não controla nada,
tá além, é novo e inaudito.
O que é, não sei; e, por mais que me esforce,
continuo sem a menor ideia do que seja.
Sei que desregulou a temperatura corporal,
o sono, a atenção está difusa
e a memória, como que suspensa.
Sinto que é algo autêntico demais,
que chega a incomodar.

É como se as diversas camadas de cascas
estivessem intimamente aderidas à pele.
E retirar uma a uma dói demais,
porque por debaixo sou eu desnudado,
um alguém que ninguém conhece, inclusive eu.
E lá, não vejo só coisas boas,
embora quanto mais interna,
mais transparentes se tornem a luz e a treva.
Queria, portanto, Pai,
neste momento de profunda intimidade, pedir-te:
CORAGEM, para não interromper este processo,
por mais duro e custoso que ele esteja sendo,
pois sinto que o CERNE sejas TU,
VIVO E VERDADEIRO.
Por isso me vale qualquer sacrifício.
Tudo isto tem me feito sentir mais solitário,
pois não tenho o direito
de exigir este processo do outro.
Entendo duramente que está mais fácil
impacientarem-se comigo. Mas, e aí?
O que explicar, se não o sei fazer a mim próprio?
Muito embora esteja claro que este
não é um processo de ensimesmamento,
mas de expansão.

Não passa pela ideia, pelo conceito,
mas é o sentir que se confunde,
a reformulação do que já parecia definitivo.
O olhar de novidade frente a tudo.
É o homem novo revestido de magia e ousadia.
É tudo tão revitalizado, que, mesmo agora,
a parte sendo parte, se torna mais
que o todo de antes...
pela transparência e inteireza.
E afinal, quem mesmo vai ter
que se con-formar a quem?

43. Salmo de uma vida 07/11/2010

QUEM, COMO TU?
QUEM?
SÓ TU!
Nos momentos de total desespero: TU.
Naqueles em que nada entendia, nada cabia: TU.
Quando do improviso, a inspiração: TU.
Quando da fraternidade, o elo que unia: TU.
O maior segredo,
a razão de tantas vezes sobreviver: TU.
Quando a intensidade ultrapassa o script: TU.
Na noite maldormida,
na fome que não se sacia: TU.
Na lágrima incontida, na presença pura: TU.
Na indigência total, no peito ferido: TU.
Quando a luz se apagou
e o corpo se imobilizou perplexo: TU.
No sorriso fácil e no coração puro: TU.
O vértice, o encanto e a com-paixão: TU.
Tu, segredo e fim único.

Tu, o que torna o sentido, sustenta e AMA.
E AMA...
      E AMO...
           AMOR!

44. Jesus é
14/11/2010

Despudoradamente despreconceituoso.
A liberdade plena.
O TUDO que se apaixonou pelo NADA.
Incontrolavelmente AMANTE.
Outra coisa, em que ouse
atingir minhas potencialidades.
A transparência do Pai,
a vitória do Filho,
o forno do Espírito,
e a humanidade da Mãe.
Submissão, verdade, divindade e humildade.
É; sem precisar forçar SER.
Como nunca e ninguém, AMADO.
O Bem, todo Bem, sumo Bem.
Tão além e identificado com todos.
Sangue que transpira, joelho que não se aguenta,
carne que transpassa, corpo que se eleva,
vômito incontido pela indiferença.
O SER por excelência.
Vitalmente: AMOR.
É. Simplesmente É... E basta!

45. Intimidade 15/11/2010

Equilíbrio,
Tua Paz,
Acordes harmoniosos de uma canção,
Intimidade pura,
Suave toque na e da alma,
Mundo do silencioso preenchido.
És tu mesmo, Senhor?
Transparência,
Leveza e
Graciosidade.
Abrangência,
Despojamento e
Totalidade.
Águas límpidas,
Reflexo profundo,
Perdi de mim mesmo.
Consciência suspensa,
Pensamentos esparsos e
Atenção amorosa.

Gratuidade pura,
Essência e
Consistência.
Harmonia universal,
Unicidade,
A PRESENÇA... AMOR!

46. Algo gesta
20/01/2011

Pai,
quanta perspectiva e esperança para o que vem!
Momentos de decisão e libertação,
mas também de apreensão e angústia.
É que tudo se abre muito abruptamente,
não sei ainda se para a continuidade
ou para a total novidade.
Se existisse algum aparelho
que conseguisse ver-me por dentro,
iria perceber uma paralisia, inercia,
algo como um enjoo, ânsia de vômito;
o fim de um ciclo.
É como se minha vida não dependesse de mim,
o que definitivamente, neste momento,
é uma verdade.
Mas minha esperança é que
este seja um tempo bem rapidamente transitório.
Como passei muito tempo
sem olhar para mim mesmo,
esta transição se faz necessária
para voltar a me respeitar
e assim ser senhor de mim.

Sinto o novo à espreita,
doidinho pra dar o ar da graça e com GRAÇA.
É uma luz tênue, ainda intermitente,
mas que tá lá, em algum lugar,
pronta pra exibir sua natureza: BRILHAR.
Mas... por enquanto...
NADA SEI.
Só apreensão,
só conjecturas: se for assim, agirei assim...
Agora, se for deste jeito, tentarei desta forma.
Algo gesta.
É que ouvi dizer que o parto é que doía,
não a gestação.
Acredito até que, no futuro,
este momento seja visto
com naturalidade e leveza.
E por que, então, não consigo levá-lo assim?
APERTO.
PENSAMENTOS INSISTENTES.
Quero, no mais íntimo do meu ser,
depositar em tuas santas mãos este bolo do
peito, esta chama que não cessa.

Tudo aquilo que não mais me corresponde.
Confiar,
fechar boca, ouvidos e olhos,
saltar no vazio,
silenciar a mente (pois ela mente),
apostar toda e qualquer ficha que me restar,
creditar a ti,
mesmo que inquieta,
PAZ...
TUA PAZ!

"Cláudio, não te ordenei: sê firme e corajoso?
Não temas e não te apavores,
porque Javé teu Deus está contigo
por onde quer que andes."
(cf. Js 1,9)

47. Invisíveis amarras 21/01/2011

Libertar das amarras invisíveis,
do que já foi, ter que ser melhor.
Das expectativas do outro,
que mesmo sem o saber escravizam.
A exigência própria,
que era para alavancar, congela.
Como gostaria de retornar
à originalidade primitiva,
à naturalidade, que conjuga com liberdade.
Viver e sonhar,
aquele sorriso maroto que suaviza as intempéries,
o assovio escandaloso
que desmancha a cara truncada...
Como é fácil comandar a massa!
Mas e o senhorio próprio?
O agir coerente naquilo que se acredita,
poder olhar pra trás e ficar feliz com o que se vê.
Mas, se não é assim, quando será?
Quando irei, mesmo bem, fazer o Bem?

Em que 31 de dezembro subirei
e me alegrarei novamente?
É pra ser, tem que ser agora,
pois chegou a hora!
FIRMEZA & DOÇURA
   CORAGEM & COERÊNCIA
      TRANSPARÊNCIA & GENEROSIDADE

"Ó Pai, devolva-me a alegria (o júbilo)
E que um espírito generoso me sustente."
(cf. Sl 50,14)

48. Extremos 22/01/2011

Como as trevas, assim a luz;
no silêncio, o furacão;
na dispersão, a calmaria;
no vazio, TU.
Assim sigo EU,
confuso, vacilante, esfuziante,
com uma esperança que se desvai num piscar,
numa insegurança que insiste em ficar,
ávido por me desmanchar em amor,
mas cauteloso do próximo passo.
Como tantos extremos podem conviver
juntos e ao mesmo tempo:
o brilho nos olhos e a expressão triste,
o sorriso fácil e o olhar tímido,
um gigante com vestes infantis.
Disto, o que é realidade, o que é fantasia?
A maior ingenuidade é subestimar tudo isso,
sentindo-se superior,
como se a mim nada pertencesse.
Vã ilusão: ISSO é mais eu
do que minha própria pele.

Descobrir que em mim
há também monstros horrendos,
e que eu às vezes os alimento.
A minha loucura, hoje minha verdade.
É que aqui dentro tá tudo tão vivo.
pétala e pragas,
brisa e tempestades,
PAZ e caos.
Ingênuo, achei que eras só luz,
mas que espanto!
Quando perdido,
nas minhas mais tenebrosas trevas
encontrei-te também por lá.
É que tu não estavas,
tu simplesmente ÉS...
Por essência e natureza.
Encontrado fiquei,
perdido estou...

"Se eu dissesse 'que ao menos a treva me cubra'...
Mesmo a treva não é escura para ti;
Noite e dia, tu iluminas."
(cf. Sl 138,11s)

49. És! 23/01/2011

Onde vou, longe do seu Amor,
Se és sentido que significa tudo?
Estás em mim,
És em mim
A respiração e a inspiração,
O que sustenta e paira,
O fogo que permanece.
És a sincronia do Ser,
O que está por trás de tudo e se apresenta,
A beleza, o fascínio e a delicadeza.
És a permissão e a direção,
A compaixão que se irradia inevitavelmente,
A melodia dos pássaros.
És o silêncio do canto,
A emoção que contagia,
O natural que resta na natureza,
O coração do universo,
O pulso das galáxias.
Para ti

O que de mim resta,
Melhor e pior,
O tudo e o nada,
O humano com ares divinos,
O divino vestido de humanidade.
Psiiiiiiiiiiii.............
No princípio... soberanamente,
Pairavas tu.
Hoje...
Também!

50. E como não te amar?!...

23/01/2011

Como não te amar?
Se sai o que delicadamente entra,
e se porventura há algum esforço
é para apagar algum ruído,
um pouco do eu que teima em ser tu.
És totalmente outro,
muito além do que ousamos proferir de ti.
És a perfeição pura,
a bondade sem limites,
tão diferente de exigências.
Pois converge, congrega, abarca e espera,
supera o mais excelso em simplicidade.
Como não te amar...
Se consegues significar até a dor?
Faz-te escuridão pela minha escuridão,
calas, quando justificar parece o único caminho,
dás voz e vez ao blasfemo,
libertas pacientemente uma a uma
as amarras que crio em torno a mim mesmo,
dia após dia.

Não se cansas de mim,
nunca és vencido.
E ficarei assim, sei lá, reticente, interrogando,
exclamando por todo o sempre:
e como não te amar?!...

51. Isto também passará 29/05/2011

Ver as criaturas pela ótica do Criador
é ousado e magnífico.
O que é do Amor se eterniza, o resto se pulveriza.
Poder deixar à margem ciscos
que me impedem vislumbrar
a natural beleza da criação.
Desarmar o gatilho que julga,
condena e dá a sentença,
antes mesmo de sentir-me no e com o outro.
Sou fagulha de centésimos de segundos
na tua eternidade e me fizeste tanto...
O problema-monstro de agora já é poeira ao vento.
O insolúvel se relativiza, facilita e passa.
Pra que despender tanta energia mental
naquilo que hoje me atormenta
e amanhã já não mais?
Faz-se necessário ver por trás das aparências.
Apostar no que pode dar certo.
Perguntar-me não o porquê, mas o para quê
do que me foge ao entendimento.

No mais, silêncio na mente, paz no coração.
Tua bondade para comigo
ultrapassa todas as dimensões.
É tão visceral que as palavras não se apresentam.
És tão diferente de tudo,
que não há parâmetros que te balizem.
Quando me reporto a ti
me vêm silêncio profundo e arrepio.
Um não descriminar entre o vazio e o tudo.
Proteção, abrigo, acolhimento,
como que todos os braços do mundo
me sustentando.
Forte e leve,
firme e solto.
Abalar-me com quê? Se o alicerce é tu!
Temer o quê? Se o AMOR é tu!
Então hoje, p a c i e n t e m e n t e,
ficarei por aqui...
retirando o NÃO da minha essência
até que sobre só TU.

52. Isto quer dizer Amor!

22/06/2011

Que é isto que faz a gente
ao mesmo tempo emudecer e cantar?
Que nem mesmo a casa da Chiquinha
ousa comportar?
Que tatua em nossa alma
um delicioso sabor de quero mais...
Que debocha de valores,
Que suaviza e cativa,
Que corre ao já se encontrar,
Que preenche e abisma,
Que encanta e encontra,
Que modifica e perdura,
Que danifica e constrói,
Que remexe e serena,
Que segura e suspende,
Que eleva, eternece e enternece,
Que arrepia e plenifica,
Que toca e cura,

Que brilha e estatiza,
Que ruboriza e gela,
Que olha e se permite,
Que penetra e aprofunda,
Que transparece e se É,
Que silencia... si len cia ... e mata?
Arrebata-me tu.
Devora-me!
Ó Amor no qual imergi!

53. Que caminho? *15/07/2011*

Quanto vazio ainda me falta
para fazer brotar a sabedoria bruta?
Sei que a resposta tá aqui, mas como alcançá-la?
A essência é muito sutil
e com tal facilidade se esvai.
É simples e pouco o que se precisa,
mas inacessível a estes olhos, a estes ouvidos.
Só as criancinhas parecem ter o acesso.
Por que, então,
teimo constantemente em descartar as minhas?
Como romper com esses padrões e normas
que parecem estar cada vez mais
aderidos à minha pele,
me condicionando e aprisionando?
Submeter-me, por quê?
Justificar o quê, a quê e a quem?
Terríveis estas invisíveis amarras
que não me permitem ser eu.
Como as convenções me descolam de mim!
Parece que o novo constrange e dá trabalho.

Tem que existir uma chave que abra outras portas,
que eu não seja ou me faça de refém.
Faz-se necessário ser protagonista
de minha própria história.
Cansei de histórias prontas.
Preciso de um estilo pelo qual eu possa responder.
Repito mais uma vez: quando, enfim,
serei senhor de mim mesmo
e me assumirei responsável
pelas agruras e delícias vividas?
Quero poder vibrar com os erros
e repensar os acertos.
Daqui a pouco meus filhos crescem
e com eles se vão todas as minhas esperanças.
Como revolve em minhas mais profundas
entranhas a possibilidade de ARRISCAR!
Queimar todo e qualquer script –
REFAZER, REAPRENDER,
DESFAZER, DESAPRENDER.
Valorizar o banal,
surpreender-me com o de todo dia.
Urge ser feliz, repensar o tempo, refazê-lo a favor,
transformar convicções em realizações.

Quando vai acabar esta minha eterna dependência?
"Quando isto se resolver,
as coisas tomarão seu rumo.
Agora vai! Só me resta isto! Mais isto! E, só isto!"
Que nada! Chega de pôr no outro
a responsabilidade daquilo que é meu.
Chega de apostar no futuro,
se é de presente que vivo
e hoje exijo o meu.
Voltar a suspirar, pois tudo se fará novo!
Haverá de existir uma saída:
simplicidade,
ousadia,
inediticidade e
transparência hão de seguir-me.
Encorajar e propulsionar meus passos e meus dias.
Sonho? Realidade?
Desejos... Incertezas...
Necessidade! Meta!
Vontade – EU QUERO!
E basta.
Por agora...

"Deixai vir a mim as criancinhas
e não as impeçais; porque o Reino de Deus
é daqueles que se assemelham a elas."
(Mc 10,14)

54. Um outro plano   *16/07/2011*

Como sois bom!
A tua ternura ultrapassa todo entendimento.
Sois leve, tão diferente de mim!
Como separar o que é do mundo e o que é teu?
A quem é conferida autoridade para falar de ti,
se és outro plano?
Como saber que és de ti, que és tu?
Que águas serão capazes de me purificar?
Tenho a impressão que teu Reino é tanto mais
do que ousa supor minha imaginação.
Que o Amor tem tantas facetas,
outras que ainda estou por descobrir e não descobrir.
É que tu tiras a segurança, vulnerabiliza; tiras
o controle, o chão, a razão, ou sei lá o que mais.
És entorpecente que bobeia a gente.
Quero pagar pra ver, doar pra ser, viver tu.
Quero mais da fibra do teu coração
em meu coração, da tua fina retina em meus olhos,
de tua saliva umidificando minha boca,
do teu encantamento em meu sorriso
e do teu calor enternecendo meu abraço.

E se isso não passar de flashes,
ainda que sejam simples segundos,
valerá mais do que toda uma longa vida.
Que tal, fagulhas de teu céu, aqui e agora!?
Que legal, teus olhos!
Olha! Olha como brilham as pessoas,
como o bem desponta e só ele transparece!
Obrigado por me permitir ver-te escancarado
na substância de meus irmãos.
Só agora experiencio com clareza,
porque somos imagens vivas de um Deus
que não é mais invisível.
Driblarei a todo custo implicações,
racionalizações, instituições
que tentarem impedir de aproximar-me
deste meu núcleo.
Mesmo que falem para isso
em nome dos bons costumes,
mesmo sabendo eu que o que querem
pode até ser o meu bem.
Guiar-me-ei por essa tênue bússola interna
que se apresenta e não segue a mínima lógica,
senão a do mais fino e despojado Amor.

"Necessário vos é nascer de novo."
(Jo 3,7)

55. Que ouça! 17/07/2011

Melodias eternas,
harmonia do universo,
macia e calorosa a meus ouvidos
é tua voz a chamar pelo meu nome.
Ainda falta é o discernir-te com clareza,
na interioridade original,
sem ruídos e interferências
que não sejam tu mesmo.
Embora defiras tanto de tudo,
para tocar se faz necessário
especial afinamento, aprimoramento.
Traduze – mim!
O não reconhecimento não passa
de um não a mim mesmo,
um sutil bloqueio à Verdade.
Definitivamente, não desejo mais
quaisquer outros mensageiros.
Que só se fazem confundir e me confundir.
Se têm ouvidos, que ouçam!
Tu és o melhor que há em mim, e sem cobranças.

São todas as potencialidades postas em curso.
Só tu és capaz de preencher
todo e qualquer espaço meu, deleitando-me,
mas não saciando.
És flauta doce que faz flutuar.
Sabes o ponto único que acende de uma só vez
todos os circuitos vitais,
pondo a vida em ebulição.
És mel do sol que aquece e adoça.
Desperta mundos inimagináveis, inexplicáveis,
onde a palavra já não cabe,
o pensamento se confunde,
a emoção se paralisa,
o sentimento se suspende
e a experiência é.
Plenitude... abismo...
Morte de sensações,
gozo quieto,
vitalidade que escorre pelas veias,
acordes que acordam a alma,
tom que tonifica os músculos,
nota que eriça os pelos,
sopro que baila os órgãos.

Já não há identidade, só o Uno,
lá, onde o nada absoluto é o Tudo.

"O que os olhos não viram,
Os ouvidos não ouviram
E o coração não percebeu,
Isso Deus preparou para aqueles que o amam."
(1Cor 2,9)

56. Virá que eu vi! *01/10/2011*

Energias vitais,
uma vontade incrível de ser transparência,
de fluir límpido o que há, de dentro pra fora,
sem contaminação, como um canal,
desprovido de elementos outros que não sejas tu.
A liberdade de teu filho que jorrava inconsequente,
a suprema autoridade do SER,
consistente, imponente e humilde.
É como se exalasse e porventura percebesse.
Que olhar é este que queima e alivia,
que arrasta e levita, convence e amacia?
Virá que eu vi, diferente disto tudo aqui.
Será? Ainda aqui?
O Amor despregado, regateiro, leve.
Ou será controlado, combatido, desprezado,
mais uma vez não amado.
Qual será agora a cruz contemporânea
em que o pregaremos?

Por não darmos conta de todo este despu-dor,
Amor escancarado, escarnado,
capaz de evidenciar toda nossa mesquinhez,
que até outrora dávamos conta de disfarçar?
Em nome de que mesmo empunharemos
novamente nossa espada,
para transpassarmos seu lado?
Afinal, precisamos defender ou nos defender?
Pois até Amor tem que ter limites, não é?
Senão, no que isto aqui
vai se transformar novamente?
Onde já se viu na vida não ter controles e regras?
E assim... seguiremos nós...
Mas é que só queria ter o direito
de não ter que compactuar com tudo isto...

57. Não há mais... *02/10/2011*

Como rebusca, pulsa o meu ser,
indefinido,
insanamente por ti, Senhor!
É como se tudo se integrasse,
aquecesse, se espalhasse.
A exata sensação de como o tempo parasse,
se interrompesse para a eternidade,
desse passagem a um outro mundo
dentro deste mundo.
Lugar do nada,
do abismo que ecoa,
do... É, é disto mesmo!
Da calmaria borbulhante,
és tu mesmo, Senhor!
No silêncio incontrolável,
vais colorindo,
tonificando o ambiente,
focando a fonte,
destoando a externalidade,

convergindo o Amor para o centro de tudo,
para a origem da vida,
alterando estados relacionais e mentais,
simples assim... SER, SENDO...
O meio, que se perdeu do início
e não espera ter fim.
Que gera uma nostalgia profunda,
quando não mais se vive,
já que é só assim que se sabe o Ser agora.
Cume, vértice, ápice.
Sensação nítida de ser agraciado pela Graça.
Verdadeira desproporcionalidade
entre o merecer e o viver.
Expressões perdidas, sem nexo aparente,
mas não desprezadas.
Por favor, não se percas de mim!
Ressonâncias divinas, numa carcaça corroída.
Que sejam lampejos, mas SEJA!
Se estas não forem gotas de eternidade
experienciadas aqui, nada mais o será.
Que contornos!

Um pouco... constante e suficiente,
de respingos de luz
nas trevas do meu dia a dia, a cada dia.
Não há mais...
És Tu!
Tu És!

58. Ah, o Amor! 28/10/2011

Assim o Amor: irradia o Bem desejando-o,
mesmo este não o sendo para si.
Que benquerer é este que me assola e assombra,
me confunde e direciona, me surpreende
e dói profundamente?
Que caminho curto é este Amor,
que num piscar e sem respirar,
me leva do furacão a este silêncio desola-dor?
Se hoje me fosse dado o direito
de escolher um sobrenome, repetiria: impotência.
Ah... normas! Se necessárias,
ainda assim excessivas.
Por que tanta inflexibilidade,
se a vida é mobilidade contínua?
Não damos conta de nós,
aí despejamos no outro nossas frustrações
e a incapacidade de olharmo-nus.
Porque tecnologia não combina com toque,
altos salários com pequenos gestos,
praticidade com ternura.

O fim tem que ser alcançado a todo custo,
no menor espaço de tempo,
mal se sabe que todo ele
é morte de algo que se buscou.
Esqueceram que o prazeroso é l e n t a m e n t e
deliciar-se no meio, é ele o que dá sentido, o sabor.
Queria tanto ter a ousadia em me propor a viver de
Amor!
E com tudo aquilo que não o fosse,
que fosse impiedoso.
Mas, quando se apresentasse,
pudesse recepcioná-lo,
com toda reverência do sagrado que é,
não importando se ele me arrancasse o peito,
cortasse a carne, dilacerasse os pensamentos,
ou me tirasse o chão e me enlouquecesse;
se for, que venha!
Se acompanhado de dor e angústia, que venha!
Se recheado de significado,
que esteja e permaneça!
É com este gosto que estou agora na boca
e não quero perdê-lo.

É este atrapalhamento contente que me invade.
Este abobalhamento incontido que eu permito.
Com esta dor de alternância que convivo.
Os olhos irradiantes,
as mãos inseguramente seguras,
impondo calor e Bem,
pés aquecidos e dispostos.
Se for um sonho, que não me acordem;
se me acordarem, que se proponham também.

59. O eu dos Amores   12/11/2011

Que tal uma celebração universal?
Será que será assim um dia?
Corações se encarnecendo, ternificando.
Máscaras dando conta de se descuidar e cair.
Carcaças se desarmando.
É que não se faz necessário esforço, só permissão.
Aí, quando for, dirão:
mas por que não foi assim antes?
Tanto tempo perdido, desperdício de energia...
Que venda invisível era essa
que não me permitia ver?

É que já não mais há aparência, só essência.
Olhar de dentro, pra dentro do outro.
Quanta beleza em tanta fragilidade!
Como há brilho no opaco!

Neste exato momento,
brota tanta energia do meu coração
que não consigo contê-la, e nem mesmo é preciso.
Uns dirão: utopia; outros: alienação.

Já alguns: conexão; outros tantos:
canal transparente e direto com a fonte do SER.

O tempo já não mais faz falta.
Nem ao menos se sabe: existe?
Microinstantes suficientes para reverberar
por extensos dias e intermináveis noites.

Essa, minha lei:
permane-Ser permeado do Bem,
exercendo minha humanidade
até as últimas consequências.
Derramar Luz ao que me ainda é obscuro,
e quanto o é!
Não temer o mal, mas deixá-lo vir à tona.
Uma comum-unidade!
Física, virtual, de perto, de longe, sei lá?!
Desde que parta do dentro,
caminhos tortuosos, divergentes...
que em algum lugar hão de se topar;
talvez no tempo da gentileza,
onde nada pretendemos ser, a não ser,
um com o outro no ali e aqui.

Si... sou
lên... o nada
cio... no Tudo

Estou.
Sendo...

O Ser "É" em mim:
quietude total, plenificação.

E eu, do meu AMADO...
Dos meus AMORES!

60. C, I? C! L. O... 12/11/2011

E na travessia...
O medo apodera-se.
A fala engasga.
O nó se forma.
O eu se perde.
A consciência nostálgica toma conta.
Afinal, na lembrança, o velho veste-se de frescor.

Viajo pelo que fiz e se abrem tantas portas
do que poderia ter feito, mas não o foram...
Hipóteses raras perdidas
ou apagadas pelo vento do cotidiano,
de quando me desatentei de mim.
Sorriso surpreso do que não seria,
se a ousadia não o fizesse, gracias a ti!
Ah! Como seria bom se soubesse lá o que hoje sei!
Quantos tropeços evitaria...
mas, e aí, e o aprendizado?
Sou mescla de uma sensação nítida
de que poderia muito mais,
com a certeza de que o que posso é muito pouco.
Enfim, tudo se descortina...

Incerteza, insegurança,
In, in, infinitamente in...

Aproveitar algo, para construir diferente.
Desaproveitar outro, para só viver
o novo, o inconsistente.

Sonhos, sonhos... tantos quantos,
sonos poucos,
vitalidade esperada,
vida atravancada,
liberdade polida, podada,
desejos borbulhantes,
realidade inusitada,
olhar que ultrapassa,
ser que paralisa e arranca, acalma e ferve.

Re-construir com o que tenho,
alegrar-me com o que me é possível,
aventurar-me no momento,
saltar vendado,
prender pra perder o fôlego.

Suspirar do vivido,
bem, mal; mal ou bem,
mas, VIVIDO!

61. Eu era apenas... 13/11/2011

Tudo começou há muitos anos,
num dia em que fui acordado
por amigos para a vida.
E eu, inconsistente, meio que inocente,
eu era apenas SIM,
por não apresentarem-me o NÃO.
Era apenas lenha, de tão verde,
simples promessa, fora de uso.
Eu era apenas rio, fluía, não sabia.
Era candelabro, permitindo luzir.
Apenas silêncio na compreensão
da minha incompreensão.
Eu? Apenas cio, fecundo, vazio.
Massa informe, nunca conforme.
Pão inteiro, aprendiz do partilhado,
refeição posta, numa despretensiosa aposta.
Deu certo! Sem méritos.
Ah! Muleque,
quão bem te fez o Amor, hein?!

62. Silêncio... 24/12/2011

Havia feno, madeira e suspense...
Bastou o silêncio SER
Para o Divino se fazer carne
E irromper num choro de Vida incontido,
Que preencheu todos os vazios possíveis.
O meu, o seu,
Lá, aqui... O nada se fez tudo.
Com Amor, no Amor e por Amor.
Do que não era, veio o sentido.
Da imensidão da noite, brotou a Luz Eterna.
Da silenciosa, o elo definitivo entre céu e terra.
NASCEU, NASCE, NASCERÁ...
Basta se esvaziar e S I L E N C I A R ...

63. A urgência do último

29/02/2012

Se hoje me fosse oferecido um dom,
com certeza escolheria
"a sabedoria do último momento".
Aquela que, depois do susto,
de receber o comunicado
de restar pouco tempo de vida aqui,
passasse a ver em tudo só o essencial,
dizimando impiedosamente todo supérfluo.
Começaria a brincar com a seriedade
e a intempestividade ofertada pelo mundo,
mas levando até as últimas consequências
os seus pequenos detalhes, aqueles
imperceptíveis a meus olhos, antes desatentos;
ou aquele momento, quando sabedor
do último encontro com a pessoa amada,
onde o tanto a dizer
se rende a um silêncio lacrimoso.
Ela desliga-nos do automático,
não dá bola à mesmice e faz acender
como nunca a luz do instante presente.

Ah! Se assim vivesse, como seria diferente,
quanta coisa faria diferente!
Quanta vida eclodiria de minhas entranhas,
num movimento impensadamente ilimitado,
de onde sequer poderia supor
haver tal manancial.
Pois assim é a vida:
quanto mais dela retiramos, mais a despertamos.
Mas... Quanto menos,
mais nos perdemos no menos.
Ali, no Encontro, onde a saudade se desconfigura,
pelo simples motivo de o momento ser único,
só o que se é e mais nada.
A vontade do estar, de ser com...
Suplantaria qualquer risco ou conjectura
do que poderia vir ousar a não vivê-lo.
Olhos fixos, perdidos, molhados,
umbigos interconectados,
no puro deleite do experienciar.
Sair de mim, sem deixar de ser eu.
Emocionar com o trivial.
A paz centrar o intimamente vivido.
É que na teoria
parece matematicamente lógico assim:

menos automatismo, maior inteireza;
mais inteireza, maior probabilidade
de antecipação da eternidade.
Mas quão longe se coloca tudo isso
da realidade do meu dia a dia, ainda.
Mas, e aí, de onde mesmo poderei buscar
esta disposição? De dentro? De fora?
Dependerá de que ou de quem?
É de motivação ou inspiração que necessito?
A quem tenho entregado minhas rédeas?
Ah... Ntz! Quanto tempo tenho perdido,
quanta vitalidade encruada.
Será que só mesmo algo da ordem do mágico
me acordará para a necessidade do Agora?
Só uma notícia trágica poderá me colocar
neste estado de alerta máximo?
Sabe, o viver constantemente nesta total vigilância
pode até parecer utópico,
algo como do inatingível.
Mas... então, que estes lampejos de céu,
instantes de lucidez, possam ser construídos
grão a grão, pedra a pedra,
no silêncio da minha atencionalidade.

Estou aqui. Receptivo... (Silêncio)
Infunde, pois, Senhor, em minhas veias,
a urgência necessária que viveste na última ceia
e a realeza rudimentar de tuas últimas palavras.

64. O Aleluia!

07/04/2012 (Sábado de Aleluia)

Escorrega um movimento por meio daqui,
liso, faceiro, intrépido.
Há algo a que se passar,
mas o que haverá do lado de lá?
Passos, passageiro, posso
encontrar-me ou perder-me de vez.
De onde estou é trânsito
e o que era agora já não mais.
Quero sair, só não sei se quero chegar.
Saí-me!
Aconteceu. Mas pra fora ou pra dentro?
E a chegada se desmancha a cada aproximação
e se alongínqua, alongínqua...
Parece haver uma alternância de voltagem
que me confunde e funde-se.

Pascoar!
Pra onde?
Quem me outorgará a direção, haverá sentido?
Sinto uma completa distorção.

Haverá de vir agora,
aqui e aí... no íntimo.
E a chave: o mais abismal vazio.
Que se avoluma
e se capacita a eliminar ruídos
culturais, sociais, doutrinais e ais e ais...
Ai que dor, que door, que dooor!
Então, saberei-me a caminho,
numa libertação imedida
para o descortinar de uma vida plena.
E aí, tudo se inicia... Aleluia!

65. Toque que toca 06/05/2012

Alguém me tocou.
Mas Senhor, são milhares a esbarrar,
há uma multidão.
Não.
Senti que alguém me tocou!
De verdade, me tocou.
Acendeu aqui espaços quase inabitados.
Sou eu, Senhor,
a mais humilde das servas,
paralisada pelas intempéries do mundo.
Também me senti imediatamente tocada
pela alta voltagem de algo superpoderoso
e prazeroso, como nunca antes experienciado,
que me libertou
de possíveis amarras,
de passíveis olhares hostis.
E nem precisei dizer, nem precisei pedir.
Mas, então, que faço com este discurso
que havia te preparado?
Com os muitos argumentos que me sobressaíam?
Filha, precisei só de teu sentimento puro,
limado pelas desventuras do dia a dia.

Mas como se fez isto, se nem sequer me viste,
nem ao menos conhece
minha dura história de vida,
com incontáveis sofrimentos?
Sabes o que verdadeiramente tocou-me?
A tua essência; e ela traz consigo
todas essas informações, sem disfarces,
desveladamente.
Nem precisei perdoar-te,
já que conseguiste desbravar aqui
um canal com minha divindade
e, assim, independeu de minha vontade,
pois ousou tocar o que há
de mais delicado em mim, o Amor.
É que ele não sabe fazer outra coisa
que não seja AMAR!
Sabes, disseram-me ser impossível,
nestas minhas condições, chegar a ti,
e pensei realmente não conseguir,
mas algo em mim dizia, estranhamente,
que aconteceria este nosso encontro.
É que teu SER veio primeiro,
depois tua carcaça corroída.
Tocamo-nos, libertos do que não seja,
num reino em que sou rei e nós... Um.

66. Encontro outro   19/5/2012

Encontro Encontro na sacralidade "Outro".
Por vezes perco-me nesta imensidão: Outro.
Com... Sumo, some, somamos.
Derretem-se sólidos.
Evapora-se o Uno.
No silêncio, a sonoridade entorna-nus.
Já sem... Permissionamos.
O olho. Espelha e sorve da mesma energia.
Nada, nada... tudo o mais, gentilmente se foi...
Olha! Há vida em minha solidão!

67. Há! No nada *02/06/2012*

Silêncio, silêncio, o que faço?
Quanto me falta para te alcançar?
Para sorver do teu adocicado mel?
Lá, onde só eu em mim posso alcançar?
Lá, onde o nada fazer
se confunde com o tudo viver?
Parece que aí está o secreto caminho
para a ETERNIDADE.
Onde o simples exerce seu senhorio.
O pouco ganha dimensões estratosféricas.
E o vazio, a imensidão do SER.
Há certeza! Na pureza.
Há vida! Na ausência.
Há! O AMOR É em mim!

68. O noivo vem vindo!   02/06/2012

É o noivo!
É festa!
Alegria, aleluia!
O noivo está aí, está aqui dentro.
Vem noivo, participa de minha alegria.
Tua vida, uma bênção dos céus.
Agora compreendo porque tens esse sorriso.
És o Senhor da festa! E mais, és a FESTA!
Gozo, regozijo,
pois assim te acostumaste no paraíso.
Esta, sua linguagem.
Este, nosso ideal!
Aleluia por todo o sempre!
Então...
VINHO NOVO em ODRES NOVOS.
Eu preciso de vida renovada na veia.
Quero é dar vida!
A tristeza, provação e luto
já vêm, sem que os exija.

E o noivo tem a VIDA e o noivo é a VIDA!
E a é em abundância.
De ti, combina a alegria.
A rima? Só com olhar brilhante.
Algo do interno que se escancara
e por mais que se esforce em conter,
não se evita,
pois esbanja despudoradamente: AMOR!
A presença
não condiz com luto.
É todo o Ser que vibra.
És tu, meu Deus e amigo.
Celebremos, pois!
Então, o que eu quero?
É mais!
Mais abraço que abarca
o que embriaga.
Mais pernas dispostas a dançar as núpcias,
com-paixão com-passada.
Sorrisos escancarados,
mais AMOR derramado!
Ternura entornada,
mais descompromisso com o rito, mais...

Cabelo esvoaçante, sorriso galante...
Mais, muito mais...
Corações errantes, músicas vibrantes.
O véu rasgado, enfim desvelado!
É a vida que se apresenta pura!
Antes que a justifiquem.

69. Ah! Se o conhecêssemos...
07/07/2012

A quem irei?
Quem aplacará meus sinceros anseios,
quem satisfará meus eternos porquês?
Só tu tens, só tu és!
Como me caem suaves teus ensinamentos
e como tantas vezes se difere
de quem os transmite...
Não te sintas só, pois te topo
desde e pra todo o sempre.
Não me importam as consequências,
que sei não serem poucas.
Não me julgo capaz, só disposto.
Não há preparos, só vontade.
Nem mérito, só permissão.
E assim nossa parceria, eu pouco,
quase nada, de verdade pó,
e tu dando sentido a esta fragilidade.
Quero tanto!

Arde-me tanto difundir teu AMOR!
És tão diferente do que dizem de ti.
Tentam abafar tua luz em sombras.
É tanto impedimento, proibição, normas,
que me perco, nos perdemos, falta o caminho.
Por que precisamos pôr tanto de nós
em algo tão puro?
Afinal, não queremos tua liberdade
ou não damos conta dela?
Sinceramente:
eu quero receber as ordens é de ti.
Cansei de mensageiros que te deturpam.
É por isso que teu Filho,
quando te queria se embrenhava
pela solidão dos montes,
descontaminando-se da imposição da autoridade.
Pra quê, né?! Se tinha o contato direto.
Será pretensão? Soberba, assim me dirão.
Mas não é isso que tu falas em meu coração.
Um BEM MAIOR, não transformado,
mas seguido da Fonte.
Um desejo enorme de permitir-me o BEM,
seja aos sábados, domingos,

transeunte, samaritana, adúltera,
fariseu, mendigo, leproso, negro,
cobrador, adicto, político, prostituta.
QUAL TEU REAL PREÇO,
AMOR VERDADEIRO?
Por que ainda machucas tanto?
ASSIM LIBERTADO, tu.
E eu? Perdidamente quero sê-lo.
Que desnorteio é este entre mente e coração?
Entre o que tentam me ensinar
e o que tu infundes diretamente em mim?
Tantos limites, culpas, tanta falta,
contrastando com doçura, ternura e pureza!
Só tu tens a plenitude infinita,
em que meu infinito finito encontra saciedade.

70. Olha, tens a permissão!
07/07/2012

Olha, olha dentro de mim.
Mais profundamente, vai!
Tens a total permissão de retocar,
remexer no que quiser.
É que, às vezes, não faço
por não saber o que fazer.
E mesmo que isso implique,
mesmo que tenha consequências, eu topo!
Contigo estou, pro que der e vier.
É que o que muitas vezes falta é discernimento.
É um contraste entre uma certeza interna
e uma imposição, "sugestão" externa,
que me atordoa.
Que doa, mas que sejas tu!
Sei que às vezes falta silêncio.
Outras, atenção, foco, mas não disposição.
É, pensando bem,
sabes que às vezes até disposição...
É que o cansaço por vezes me invade
e a invalidez me toma.

Acho que neste plano
as coisas serão confusas mesmo, né?
Mas meu "divinoduto" continua aberto,
inclusive agora ele se encontra em manutenção,
limpeza, pois é muita graça que passa e lava.
E eu... lágrimas escorrem agradecidas
e reconhecidas pela avalanche do AMOR.
Bendito e louvado sejas por tudo isto!

71. É Vida, tá na veia!

08/07/2012

A vida tinge,
A vida morde, nutre.
É movimento, passamento,
É multicolor, nuances,
Tons, tônus.
É imprevisível, sofrível,
Despudorante, desafiadora.
É brisa, balanço,
Energia solar, alquimia,
Linda, efêmera.
É um piscar, intervalo que passa,
Folha que cai, seres que revoam.
É néctar que apetece,
Alimento, gérmen.
É som inconfundível,
Afinamento, sofrimento.
É mistura, miscigenação,
Tambor que ecoa e ressoa...
É suor, é sagrado,
Pulsante, vibrante.

É fragilidade, doçura,
Insensatez e coragem.
É formiga, abelha, leão e falcão,
Mata, flor, água e cachaça.
É limite, perdição,
Soltura e compaixão,
Alucina, transfigura.
É o que permanece, ligeiro, fagueiro,
Transparece, fenece,
Vibra, toca, transforma.
É mutação, paisagem,
Vago, estreito,
Passo, calmaria.
É metamorfose contínua,
Cores, gestos, sabores,
Tato, vento.
É presente que se presenteia.
Mesa posta, farta, candura,
Luz que alumia,
Delícia que se prova e aprova.
Ternura que se roça,
Amor que perdura,
Vida que abunda,

Numa gratuidade infinita
Daquele que É.
E sendo tudo isso,
Não se contém em si e se doa continuadamente.
Gracias a ti,
Origem que não se finda!

72. Passageiro hospedeiro 10/07/2012

No fundo, no fundo somos UM.
No raso nos diferenciamos, distorcemo-nos.
Disfarçamos do outro e de nós próprios.
Como adentrar, então, neste mundo,
qual é a chave que dá passagem?
O que nos faz chegar ao que é comum?
Às vezes há tanto rebuscamento, tanta chiqueza
e ao mesmo tempo tanto afastamento...
Já o simples É.
Sem desfaçatez,
direto ao ponto,
sem artimanhas,
sem pretensão,
só veracidade.
Bondade que ultrapassa,
que não almeja,
que se desloca e despretensiosamente atinge
onde se é para sê-lo,
no descuido do outro.

E modifica.
Pois quando se é atingido,
já não mais é possível o que se foi,
por mais que haja vontade de voltar à comodidade.
Mas lamento: uma vez atingido, aquilo já era.
Tudo se põe em movimento
e se dá até em desdobramento.
Bem-vindo à vida:
pastosa, fecunda, fluida e informe.
Lá há algo que nos une,
que liberta da escravidão do meu
tudo comum.
Sem destaque
não se perde identidade,
se perdem são as fronteiras.
Não se tira,
acrescenta, ressignifica, suplanta.
Se hoje falo de dentro é porque
já não há mais receio,
pois os que se dispuserem ao dentro
vão se encontrar.
É a origem, o alfa que nos comunga.

E por mais que o que a vida faça seja desagregar
há o selo como patente potente,
a marca de que somos feito.
E isso nada nem ninguém pode nos usurpar.
Dela viemos e para ela retornaremos.
Sou uma chispa da eternidade,
um passageiro hospedeiro
de um rumo certeiro.

73. És tu! Sem mensageiro
14/07/2012

Tenho sede da tua sede.
Tenho fome de teu pão partilhado
no instante derradeiro.
Tenho veia para o teu sangue verter-se.
Tenho trevas para a tua luz.
Tenho disposição para as tuas secas
e longínquas caminhadas.
Dá-me mais que ouvidos para penetrar a fundo
e adentro de tuas histórias.
Acaso permitirias que ousasse ser tuas sandálias?
Assim sentiria o peso do todo deste Amor.
O suor de vida vivida.
Tu, a pele rachada, exalando eternificação,
dedos dispostos ao propósito,
a postos para um combate sem tréguas.
Não sei o que mais poderia ser pra ti.
Talvez cajado para o teu alento...
Mas meus olhos brilham aqui só de pensar.
Não é tua posteridade que me atrai,
mas tua precisão cirúrgica em tocar.

Não é tua fama,
são teus olhos a me buscar em meio à multidão,
a sensação de pertencimento a tua tribo.
Atrai-me o teu total despojamento
destes valores hoje valorizados.
Ah, Chico! Foi isso que te seduziu também, né?!
Mas estou tão longe de ti, de vós...
Falta-me tanto!
E gratuitamente me tomas e torno
a te sentir tão próximo!
Ah, se pudesse recolher cada uma
de tuas lágrimas, juntaria às minhas, agora,
e delas brotaria fogo
capaz de incendiar o mundo.
Que tal, hein?!
Sabes que se vier diretamente de ti,
não importa o que for, que dimensão tenha,
que barulho cause, que bagunça faça,
de olhos fechados, EU FAÇO!
Então, caso queiras, já sabes,
faze, fala direto, pula mensageiros.
Como conheces minha intimidade,
sabes que poderia enganar a todos, menos a ti,
que é detentor de meus segredos mais íntimos.

Aqui fico aguardando ordens
do que fazer ou do que não fazer.
Sei que nossa história há de ter
muitos capítulos a se escrever.
Aqui está meu papel; totalmente em branco...

> (E não é que depois de um silêncio e contato profundo tudo se deu... tudo a seguir foi escrito com muita pausa, num misto de vontade de não escrever para não atrapalhar tudo e com um imperativo de Alguém que me impelia a escrever, por isso várias vezes escrevi como última frase)

* * *

Gratidão pela desproporcionalidade
de tanto agraciamento.
Pode continuar me ninando, acarinhando,
que eu gosto e me faz muito bem.
Como gostaria que a universalidade
recebesse essa singularidade plural.
Nem que por segundos.
Tudo, absolutamente tudo, seria tão diferente!
Respiro profundo...
Silêncio que abarca,
PRESENÇA unitária, unificante,
A PAZ DO ETERNO!

Obrigado, por acabares de demonstrar
em minhas vísceras o EU SOU CONTIGO!
Inenarrável!
É o céu que se dignou a ser terra novamente.
Diferente de tudo que se possa
pensar, supor, imaginar.
Há que se VIVER!
Não há mais,
tudo caduca,
só um humilde ser
na PRESENÇA TOTAL e TOTALIZANTE.
Me fizeste digno, embora...
Demonstraste-me predileção.
O eu por instantes não existiu,
não era, pairava.
A atmosfera amenizou-se.
Tudo por um momento parou.
São teus caramelos, né?!
Já fazia tempo...
O INFINITO É.
PRESENTE QUE SE PRESENTEIA.
NADA FORA, NADA DENTRO.
SÓ O SER PLENO.

74. És tu! 18/07/2012

D e s a c e l e r a - m e, Senhor!
Põe-me no ritmo sensível do Amor.
S o s s e g a - m e, por favor,
propicia-me escutar o inaudito.
Desliga-me deste motorzinho mental aqui,
para que veja de olhos cerrados.
O mundo se está indo
e meu ser achegando-se.
Sentidos aguçados, tranquilamente atencionados.
Há rios, cascatas suaves,
pingos a tocar sua melodia irretocável.
Pássaros, um, outro acolá, uns, vários únicos
a ritmarem meus batimentos.
Deito, relaxo, não sei mais o que é sono
ou atenção passiva e nem mesmo
me faz falta saber, pois tudo é integração.
Não mais que de repente, não sei de onde,
entoa-se o cântico da esperança, angelical.
E o que era tudo, lentamente vai se fazendo nada.
O importante de antes, torna-se pó.

A urgência urgentíssima a levou o vento.
Os valores, tão certos, esfumaçaram-se.
As prioridades se desfizeram uma a uma.
Agora... Só um olhar carinhoso,
sem pressa, por ter a eternidade
sorvido por centésimos de segundos.
Tudo soa e vibra em uníssono...
Esta é, i n c o n f u n d í v e l,
a experiência da PAZ!

75. Simplesmente se É   20/10/2012

Busco cuidadosamente o silêncio...
Quão difícil,
O tudo no nada,
Preencher-me do vazio,
Esvaziar-me do não,
Integralizar-me do que
Simplesmente se É.
Navegar para o fundo
Até perder-me no Encontro.
Sem amarras, seguranças, vínculos
Que me garantam.
Ó certeza insana,
Ó turbilhão manso,
Ó inquietude pacificante!
Lá, bem lá,
Por mais que esforce,
Não se sabe.
Simplesmente se É.

76. Um estouro de cores! 28/10/2012

Pai,
há algo em mim agora que pulsa.
Pulsa forte, incontrolável.
Como se quisesse sair
e não se conformasse de não o fazê-lo.
Então digo a ti: sai!
Ganha o mundo,
sorve dele suas agruras e seus encantos,
lambuza-te, prende-te e solta-te.
É como se eu não pertencesse mais a mim.
Como precisasse urgentemente
corresponder ao que recebo...
num aprendizado contínuo.
É uma vontade de detonar,
estourar algo aqui que respingasse
cores vivas em todos e em cada um.
Que tantos acinzentados se colorissem!
Nem que por um pouco,
o que para muitos já seria o suficiente.
Queria ofertar-lhes anzol
para pescar esta luz aqui de dentro.

E, se mesmo assim
ainda se embrenhassem na noite escura,
que me permitissem ser sua silenciosa
e presente companhia.
Conheço muito bem esses tortuosos caminhos.
Sei bem o que neles se sente ou o nada absoluto.
Mas... Permanece uma inquietude do Bem.
E um não saber o que fazer para difundi-la.
Reconheço-me fagulha,
pequenez, embora expansão,
inutilidade, embora criação,
impotência total, apesar de Amor genuíno.
Que me toquem!
Ei! Acaso permite-me tocá-lo(a)?

77. Bartimeu, que eu seja!

01/11/2012

Bartim, que vontade absurda que seja **eu**!
Sua fé objetiva me fascina.
Que canto é este que fez
o Mestre dos mestres se encantar?
Seu grito continua aqui, se fazendo eco em mim.
E pergunto-me: afinal quem tocou quem?
Quem seduziu quem?
Definitivamente, não foi sua voz que o tocou,
mas aquele não sei quê interno,
que dá sentido a tudo,
que interconectou vocês.
Havia tantos, mas à sua suplica:
instantaneamente...
tudo se transformou em fundo.
Só os dois se fizeram figura.
E, ao olharem-se... brotou da origem
o Amor em sua forma primeira.
Quanta vida de amargura e desprezo
tinha por trás daquela voz ao vento
que, ao sair, purificou-se!

Uma vida inteira de discriminação e sofrimento.
Só não enxergava
e por longos anos tiraram-lhe a voz.
Quantas tentativas de impedir-lhe de sonhar,
quantos sermões para convencer-lhe da fatalidade,
quantos bons conselhos
para conformar-lhe a predestinação.
E ninguém verdadeiramente te olhava
por trás desses olhos aparentemente esvaziados.
Afinal, não havia ninguém por trás
deste destino cruel.
Só uma carcaça conformada
ao padecimento em vida.
Quão invisível era,
para os que diziam enxergar!
Que pena não o virem por dentro!
Que pena não aprenderem
a partir de que órgão enxergamos a vida!
Hoje quero pedir-lhe perdão,
em tantos que faço invisíveis em minha vida.
E sua benção, mestre do simples, do objetivo,
você, que fez do quase impossível algo tão fácil.

Se possível, mestre, faça da sua a minha voz
e me ensina a despojar do supérfluo para dizer:
que eu veja, Senhor!
Do mais profundo de mim: que eu veja!
Uno-me agora a você e conclamo:
Jesus, filho de Davi, compadece-te de mim!
Jesus, filho de Davi, tem compaixão de mim!
Olha com teus olhos as minhas misérias
e tudo, tudo se transformará.
Tu PODES! Eu QUERO!

78. EU
15/12/2012

Eu?
Só sou.
Sou
Só
Pó.
Eira, que se esvai...
Beira, o absurdo absoluto do NADA.
SI
LÊN
CIO a fecundar.
Dar-se
Vazio, largo, profundo.
SÓ
LHE
DÃO.

79. TU   23/12/2012

TU,
DO.
O todo-Outro
Aqui dentro
E Além do todo...
Imensidão
E cisco.
Infinito
Que se dignou ao finito
IN de natureza.
O que É
SIM
PLES por essência.
É assim: simplesmente É!

80. VOCÊ

23/12/2012

Você,
Supermistério.
Algo do sagrado,
Respeitado.
A ser explorado,
Contestado,
Transgredido.
Do novo sempre,
De novo nunca.
Um mundo a desvelar,
Fascinante,
Decepcionante.
Atento:
Revela dor,
Amor... em profusão.

81. NÓS
23/12/2012

Nós,
Um Outro
Além do eu e tu,
Do eu e você.
Quase um ser
Corporificado.
Pitadas de mim, de ti,
Muito do si, nominável.
Manufaturado,
Desfeito,
Originalizado.
Tá aí, rel-ação.
Réu quando omissão
Do que poderia vir a ser
Se o permitíssemos.
Mescla anulação, a disposição ao inédito
Que brota tímido e diferente de tudo.
Enfim,
Nósceu!

82. Retoma-me criança! 24/12/2012

Ei, menino Deus, topas brincar comigo?
Tu não combinas com esse pedestal
que insistem em te colocar.
Façamos arte,
transgridamos o definido.
Quero sol a tostar; chuva a encharcar;
poeira, lama, barrear;
poças podemos.
Gargalhar sem parar, solto e sem assunto.
Pé na terra a correr brindando a brisa.
Que brinquedo este,
simplório e sem objetivos, senão o divertir!
No nosso pique, esconda em mim!
Teu sorriso encanta e suaviza qualquer ambiente.
Teu olhar translúcido ultrapassa,
rasga e transparece.
Dá-me a mão, façamos roda.
Cantas, fecho os olhos...
E levas, elevas a mundos inimagináveis
com os pés no chão.

E, quando se abaterem as inevitáveis e frias noites,
façamos fogueira
ao simples soprar de teu hálito.
E, se o medo persistir,
deixa-me recostar no teu peito,
e as batidas inconfundíveis de teu coração
me embalarão ao projeto primeiro,
à origem de tudo.
Façamos então, menino-menina,
morada definitiva no templo da não maldade.
E nossa prosa, ah!,
esta se estenderá pelos séculos! Amém!

83. Fazer no faça-se! 19/03/2013

É tanta insignificância, Senhor!
De verdade, tanta!
E uma sensação que impõe de impotência
invade-me alma e corpo.
Entendo tão pouco, sei significar quase nada.
Queria fazer mais, mas não só aceito
o que me é ofertado, como me regozijo.
Na verdade o que entra está muito além do que sai.
É que algo se perde pelo caminho,
acho que minha humanidade
não o absorve ou não se adéqua.
E gera confusão na saída,
não sabendo distinguir
o que seja teu, meu ou nosso.
Como desejaria ser só um simples e puro canal,
e como esta realidade muitas vezes me é distante,
embora tenha a convicção mais profunda
desta minha natureza canalizante,
por mais deficitária que se apresente.
E assim é que sou.

Um esforço nem tanto por fazer,
mas por purificar, retirar,
o que não seja para o SER simplesmente.
Que esta minha constante inquietude,
acalme outros ao saberem que, no fundo,
bem lá no fundo, somos assim.
Reestruturar o foco,
agir para ser feito, modelado.
Um esforço para não esforçar, só permitir.
Agir para não ação.
Fazer no FAÇA-SE.
Como idealizo por vezes a reclusão,
o silêncio me atrai com uma força desmedida,
e este equilíbrio proporcionado pelo nada
me faz nada mais querer,
senão a Presença às vezes ausente do meu Amado.
Que tal, tendas definitivas?
Mas de algum lugar vem
e me chama à minha realidade.
Que embora não saiba qual seja,
sinta-me impelido a vivê-la.
Só o que sei é que aqui dentro,
há um vômito incontrolável de vida.

Que pena que ainda me falte tanto.
Que bom que ainda há muito por viver
e por correr entre minhas entranhas.
Então, que venha!
Que seja!

84. Imersão no nada   20/03/2013

Chega de mediocridade,
de meias verdades,
de partes.
Quero resgatar minhas outras metades.
Dá-me, pois, tua inteireza, Senhor!
Resgata minha originalidade,
o genuíno que se arrefeceu e, acho, se perdeu.
Onde me encontro? Já não sei.
Pra onde vou, quais são as rotas?
Não faço a mínima ideia.
Pois as poucas certezas, que achei ainda existirem,
se foram, levaram-nas o vento,
como fumaça que, em segundos,
simplesmente deixa de ser.
E agora não sei se o que me resta é confusão,
indecisão, indefinição ou silêncio.
Há uma avidez por cavar aqui espaços
cada vez mais profundos
na intimidade de minh'alma.
Para que tu ajudes a me encontrar de novo
e a resgatar-me deste naufrágio de mim mesmo.

Onde achei fim, é tudo brotando novo;
mas como assim?
E as forças que já se esvaíram, de onde retirá-las?
E o ânimo que se esgotou,
o gosto que já se foi da boca?
Não sei, sinceramente não sei.
Nem sequer faço a mínima ideia,
mas não pertence mais a mim.
Se és o responsável por infundir
e reimplantar tudo isso,
és também quem tem que saber.
Em mim agora só se forma uma nítida imagem:
eu, de olhos fechados, braços abertos e erguidos,
me soltando, saltando sem asas
num abismo imenso que se abre diante de mim.
Obscuridade e certeza,
vazio e gozo,
em branco e com tinta,
o nada para o Todo.
E de repente o Tudo se faz...

85. O Original! 21/03/2013

Como te quero!
Como consegues fazer
minhas entranhas vibrarem assim!
Como que com apenas um toque,
ressignificas tudo,
apaziguas e pões em movimento
ao mesmo tempo?
És incomparável.
A origem, o genuíno, o gérmen.
O único elo capaz de ligar o "eu",
a substância mais íntima de mim mesmo.
Brota uma vontade absurda de proclamar-te.
Mas assim: desse jeitinho, sem remendos,
algas e pedras que possam ousar deturpar-te.
O mundo precisava conhecer-te
nesta pureza original:
com densidade e leveza,
força e docilidade,
peso e suavidade,
rapidez e eternidade.

Assim. Exatamente como te sinto agora (pausa).
Não há mais o que possa me fazer falta:
SILÊNCIO absoluto.
PRESENÇA unificante.

86. Pouco ou nada se fez 22/03/2013

Mesmo achando caminhar tanto
ainda falta-me muito.
Posso e devo inclusive recomeçar,
pois pouco ou nada foi feito.
E do construído, tudo pode ser destruído.
E o sólido pode virar pó que se esvai.
E do que era, nada fica.
Remar e remar e remar de novo.
Agora, pois um Novo se espreita.
Vem, pois, serás muito bem-vindo,
mesmo causando estranhamento.
Tu, que ainda não sei, embora saiba; e que virás.
De minha parte silêncio, abertura, desconstrução.
Sejas bem-vindo, tu que vens vindo lá de longe.
Aproxima-te, aconchega-te, sente-te família.
Não sou mais que um simples instrumento
sem direitos e, por enquanto, inútil.
Mas que com toda a tua graça
tornar-me-ei gracioso.

Útil, portanto, como vês,
só o serei, se tu fores em mim.
Usa-me, adéqua-me a ti e, se preciso,
refaze-me todo, pois para que serve
um instrumento se não para ter valia a seu dono?
Que fluam e saiam daqui acordes teus,
capazes de acordar os adormecidos
e dar cor aos empalidecidos.
Não te acanhes, pois, em retirar o que não seja.
Sou eu que encarecidamente te suplico:
pelo meu bem e pelo dos que o recebem de mim,
se necessário, muda toda lógica.
Destrói e refaze-me, segundo teu gosto,
que de antemão já gosto.
Há, sim, muito por fazer!
Mas construídos a passos únicos
e desfeitos tanto quanto forem necessários.
Ao longe se presentifica timidamente
o eco de tua sonoridade.
Ei, por favor...
Fica!
Ao meu eu: silêncio, silêncio...

87. Trincheira aberta ao infinito
14/06/2013

Queria tanto ser purificado por teu Amor...
Banha-me Senhor!
Lava-me do que não é.
Infunde lá, reclusão.
Revista-me do "não sei quê",
mas que, ao olhar e ser olhado, pacifique.
Queria tanto ter uma doçura
que aquentasse o outro,
Uma energia que propagasse fogo e ternura...
E, de tudo isso, nada perceber
para não reter, só difundir.
Fundir o invisível, o impensado.
Sanar faltas,
aquietar dores,
sem méritos.
Viver em função de um Bem maior
cuja única recompensa fosse estar
envolto desse Bem maior.

Abrir mão de privilégios
e submeter-me, feliz, ao constante serviço.
Livre do pronto, do orientado,
nas asas do frescor autêntico,
da fonte vida.
Um sujeito sujeito ao Sendo.
Toca, por favor, no ponto-vértice de meus mundos.
E se perderão as fronteiras, se ainda existirem.
E tudo se fará!
Pois tudo lateja desmedida.
Ardem minhas entranhas
entre o sem e o com,
entre a perdição total e o Encontro definitivo,
esta travessia ainda aqui.
Aproxima-te,
dá-me tua mão chagada que me ultrapassa,
do teu sangue, se eu for digno,
e faze o que quiseres:
como, quando, quanto.
Ô Algo indefinido,
tu tens livre trânsito por aqui.
Concedo a permissão permanente
para dominares meus territórios.
Submeto-me a teus encantos
e só à tua ordem direta.

O novo, diferente disto tudo aqui,
virá,
ressurgirá!
Tão indelével, tão imperceptível e Real.
A confusão invade-me.
Uma certeza me toma.
Uma trincheira abriu-se ao infinito!

88. Contaminação no Amor
26/06/2013

Que os afetos me afetem,
Que o teu Amor me contagie,
Que algo se forme, reforme e me transforme:
Concreto, discreto, volátil.
Sou uma evolução infindável,
Uma revolução silenciosa e permanente.
Tudo é inteligência em mim,
Estagnada, contrariada, confusa,
Profusa, fluida, em movimento.
Energia vida,
Que roça a externalidade
E vagueia insana pelo dentro.
Sou muitos no Um.
Bilhões, trilhões, em constante ação-mutação.
Sem o saber Sou só,
Que ao se endereçar
Ganha sentido.
Vivo.

Quanto de tudo há que ainda não sei?
Possibilidades,
Potencialidades,
Finitude na infinitude.
Sou parte.
Sou o todo diluído.
O sublime é em mim!
E eu O sou!

89. O infinito me toma! 28/06/2013

Eu quero ser mais usado, ousado;
Abusado pelo teu Amor,
Remexido, querido.
Sinto-me um privilegiado!
Mas necessito cada vez mais ser tomado,
Invadido.
É como se não conseguisse não retribuir,
Não revalidar.
Preciso carnificá-lo,
Torná-lo visível,
Palpável.
Mas...
Tudo que faço, ainda é tão do intangível,
Por mais esforço e empenho que imprima.
É que o finito nem mesmo
Passa perto de preencher o infinito.
Embora seja legítimo recebê-lo,
Desejá-lo,
Com todas as minhas forças,

E curtir o todo deste Bem
Desproporcional, imensurável,
Ciente do meu nada
E carente do teu tudo.
Como me mimas!
Como gosto!
Quanto és!
Ternura ternificante!
Fica,
Pelo todo e o sempre!

90. O nada
16/07/2013

Como me sinto devorado pela sensação do
NADA!
Avassalado,
às vezes, destroçado,
totalmente tomado.
É como se me perdesse de mim,
perdesse minhas referências,
as rédeas de minha vida
descolasse,
ficasse à deriva.
E isso, com tamanha intensidade, choca!
Evidencia o antes oculto.
Percebo-me absurdamente vulnerável,
na iminência de perder o controle de vez.
Como então, nestas reais circunstâncias
fazer pelo outro?
Se nem mesmo faço a mínima ideia de quem sou...
Como ajudá-lo, assim,
a descobrir quem é de verdade?

Sou uma fraude?
Um alienado?
Cambaleando pela existência?
Só não me sinto um charlatão
por uma tênue luzinha interna
ainda a me indicar minhas reais intenções.
Mas agora sou só a personalização do nada.
Ou o nada puro.
Como ainda me bate a ilusão de poder ser útil!
Poder? Há?
Destituído de tudo,
vontade imensa de libernar,
sumir do convívio,
das distrações,
para me encontrar
nem que no verdadeiro perder-se, no dissolver.
INSIGNIFICÂNCIA,
ABSURDO,
VAZIO COMPLETO,
ZERO ABSOLUTO,
MUNDO DO DESCONHECIDO,
ESTRANHEZA TOTAL,

TUDO REAL DEMAIS,
INDIGÊNCIA,
DÚVIDA,
DESTRUIÇÃO DO TODO CONSTRUÍDO.
TOMA-ME, POIS.
DESVELA O QUE HÁ PRA SER,
FAZ EM MIM
O QUE NÃO FAÇO A MÍNIMA IDEIA.
Preciso tanto me desfazer.
Do quê? Não sei...
Tá tudo tão premente,
tão urgente!
Mas...
Não sou.
Não sei.
Se assim melhor achares, tens total direito
de fazer como queiras
e assumo as prováveis consequências.
Mata o desnecessário.
Estou esgotado, por viver do inacabado.
E, se achares conveniente, apresenta-te
com todo teu esplendor, fulgor.

Não para vangloriar,
mas para queimar, cauterizar, sanar, curar
o que não sejas tu aqui.
Sinceramente, não sei mais como expressar.
É como se as palavras se perdessem em si,
fossem desnecessárias, caducassem.
O verbal vai se rendendo,
curvando-se ao experienciar.
Embora o papel não saiba, tu,
MEU TUDO, sabes,
sente-me aí, aqui, acolá,
em ti, em mim.
O que eu, o que tu?
Vai, rompe definitivamente, ó tu!

91. Eu sinto esta Fonte! 13/08/2013

Há!
Eco
Silêncio...

Fonte
De onde brota minha sede
Que absurdo seria se ela não existisse
Dá-me agora sede desta sede
Seca, seca
Encharca-me
E evapora para o Uno.

Aaaaaaaaaaaaaaaaaar (respiração profunda)
Que pulsa vida
Da abundância
Que da troca, dá vida
Que sai o que já não serve e entra o purificado
Dá-me um gole, bem golado
Transforma, renovado.

Encrgia
Que vibra, choca e corre

E trota e se acalma e se ajeita
E se aquieta e encaixa-se
Em inquietante mansidão
Pacificante inquietude.

Eu
No todo
Só
Integrado
Escorro
Diluo
Desfiguro
Transfiguro
De capas, papéis, armaduras, carcaças
Solidez, solidão
Para a pura essência que só Sou
Lá, onde ninguém pode alcançar-me
Nem eu
Só... o Eu
Pleno
Embebido da Fonte.

92. Dádiva entorpecedora
24/08/2013

Energias vitais
Incontestáveis, incontroláveis
Amável, suave
Como se me tomasse
Eu? Só as recebo e as do(o)u
Aos que se dispõe a recebê-las
Parece que o corpo ligou-se
Numa frequência tal que exala permanentemente
E é real
E vibra em uníssono
Com a totalidade
Tudo tão diferente, embora igual
O toque adquire poder de penetrar intra-pele
A fusão é passível e possível
Tudo aflorou!
A flor vingou-se
Na aridez do meu canto
E derramou pétalas
Nos meus passos, ora sequiosos de vida
Que hoje abundam!

Raios brotam do olhar
Incandescentes, jorram larvas
Do não vivido, que agora vívido
Banham potenciais potencialidades
É VIDA, TÁ VIVA
É real, posso senti-la bailar desvairada
E intrépida pelo eu-corpo.
Eu sou silêncio abismal
E um grito
Enlouquecido para que não o despertem
Já que justamente assim
Nunca estive tão desperto.
E... Não mais que de repente·
Todos e tudo tocam-se e vibram
Acolhem-se, coli ficam.
Somos amparados no braço
Abraço terno do Amor infindável
Neste torpor entorpecido
Eu desejo colo de mãos se encontrando
Ninho de olhares perdendo-se
Toques sem fronteiras
Tudo
E tudo regado ao som inconfundível
do NADA!

93. Ode a Ignácio

02/11/2013

SER alado assentado
Sedutor para o Outro
Sintonia fina aos acordes eternos
Silêncio... que desperta!
Olhar esfogueante
Sereno e brilhante
Reservado e escancarado
Impassivo vulcanizado
Ternura imponente
Austeridade docificante
Basta estar, para conectar
O melhor que há em todos
De longe... mito
De perto... personificação do simples
Rico de mãos vazias
Poverello do Puro Amor
Francisco do mundo
Toca no mais profundo e sem pedir licença
Ao que lhe ouve,

O faz único mesmo em multidão
Mãe, Pai, Papi, Madrecita, Papá, ABBÁ
Pétala púrpura
Fogo cauteriz a dor
Criança com vestes anciãs
Artista do e para o Divino
Encantado pela vida
Encantador de Vidas
Andarilho da esperança
Rapsodo da consolação
Pescador de cores interiores
Poeta do singelo
Flauta, doce para a amargura
Faz do de todo dia, Sagrado
Palavra que muda a pulsação
Transparência da Fonte
Trans muta dor
Tão longe, tão íntimo!
Pudor constantemente desnudado
A personificação da inutilidade total
E, quando tocado, seus acordes acordam milhões

Uma obstinação:
Contar aos quatro ventos
O único segredo de sua vida
Que hoje é a PRESENÇA
Assim É
Assim está.

Sumário

Prefácio 7
Apresentação 9
1. Tu – eu 11
2. Louvor à VIDA! 12
3. Um salto no abismo 13
4. Apesar de... 15
5. Eu... Tu! 18
6. Convicção de fé! 19
7. Conduze-me 22
8. Coração puro e sorriso fácil! 24
9. Vida viva! 27
10. Nem muito, nem pouco 28
11. Tudo urge! 30
12. Gostaria tanto de dar um basta! 32
13. Unidade 35
14. Ele é. Meu Pai! 36
15. Perdão 37
16. Busca da pureza original 39
17. O Amor venceu! 41
18. Dar... A quem de direito 43
19. Nasça, novo! 45
20. A noite 49
21. Mais um ano... 51
22. Derradeiro Amor derramado! 53
23. Viver envolto 56
24. Ressoe coração! 57
25. Contradições 59

26. Adorar... 61
27. Um amor superior 62
28. Fica, Senhor! 64
29. Até quando? 67
30. O tempo... 69
31. É re-Natal! 71
32. Quero! E não faço... 73
33. Solitário na multidão 75
34. Encontro profundo 77
35. Permissão pra viver 78
36. Só por hoje 81
37. Amor, pobre amor! 84
38. Caminhos a reencontrar 87
39. Um olhar infantil... 90
40. O nada preenchido, o tudo desprovido ... 91
41. Grito silencioso de ressurreição 93
42. Camadas de mim mesmo 95
43. Salmo de uma vida 98
44. Jesus é 100
45. Intimidade 101
46. Algo gesta 103
47. Invisíveis amarras 106
48. Extremos 108
49. És! 110
50. E como não te amar?! 112
51. Isto também passará 114
52. Isto quer dizer Amor! 116
53. Que caminho? 118
54. Um outro plano 122
55. Que ouça! 124
56. Virá que eu vi! 127

57. Não há mais... 129
58. Ah, o Amor! 132
59. O eu dos Amores..135
60. C, I? C! L. O..138
61. Eu era apenas... 140
62. S i l ê n c i o 141
63. A urgência do último...142
64. O Aleluia!...146
65. Toque que toca 148
66. Encontro outro...150
67. Há! No nada...151
68. O noivo vem vindo! 152
69. Ah! Se o conhecêssemos... 155
70. Olha, tens a permissão!.....................................158
71. É Vida, tá na veia!..160
72. Passageiro hospedeiro 163
73. És tu! Sem mensageiro......................................166
74. És tu!..170
75. Simplesmente se É..172
76. Um estouro de cores!...173
77. Bartimeu, que eu seja!.......................................175
78. EU 178
79. TU 179
80. VOCÊ..180
81. NÓS 181
82. Retoma-me criança!...182
83. Fazer no faça-se! 184
84. Imersão no nada...187
85. O Original!...189
86. Pouco ou nada se fez..191
87. Trincheira aberta ao infinito 193

88. Contaminação no Amor 196
89. O infinito me toma! 198
90. O nada 200
91. Eu sinto esta Fonte! 204
92. Dádiva entorpecedora..206
93. Ode a Ignácio...208